男人来自火星，女人来自金星

职场沟通篇

[美] 约翰·格雷
（John Gray）
著

曹植
译

中国传媒大学出版社
·北京·

图书在版编目（CIP）数据

男人来自火星，女人来自金星．职场沟通篇 /（美）约翰·格雷著；曹植译．－－ 北京：中国传媒大学出版社，2024.8.
ISBN 978-7-5657-3650-6
Ⅰ．C913.1-49
中国国家版本馆 CIP 数据核字第 2024BW3537 号

HOW TO GET WHAT YOU WANT AT WORK. Copyright © 2002 by John Gray Publications, Inc. All rights reserved. Printed in the United States of America. No part of this book may be used or reproduced in any manner whatsoever without written permission except in the case of brief quotations embodied in critical articles and reviews. For information address HarperCollins Publishers Inc., 10 East 53rd Street, New York, NY 10022.

著作权合同登记号 图字：01-2024-3161 号

男人来自火星，女人来自金星：职场沟通篇
NANREN LAIZI HUOXING, NÜREN LAIZI JINXING: ZHICHANG GOUTONG PIAN

著　　者	[美] 约翰·格雷（John Gray）
译　　者	曹　植
责任编辑	曾婧娴
封面设计	济南新艺书文化
责任印制	李志鹏

出版发行	中国传媒大学 出版社		
社　　址	北京市朝阳区定福庄东街 1 号	邮　编	100024
电　　话	86-10-65450532　65450528	传　真	65779405
网　　址	http://cucp.cuc.edu.cn		
经　　销	全国新华书店		

印　　刷	涿州市京南印刷厂
开　　本	880mm×1230mm　1/32
印　　张	10.25
字　　数	212 千字
版　　次	2024 年 8 月第 1 版
印　　次	2024 年 8 月第 1 次印刷
书　　号	ISBN 978-7-5657-3650-6/C・3650　　定　价　68.00 元

本社法律顾问：北京嘉润律师事务所　　郭建平

目录

自序 01

Chapter 01
职场中的火星人和金星人

大家共同努力，事业才会成功　005
理解火星人和金星人的不同　007
职场男女将从相互理解中受益　009

Chapter 02
不同的星球，不同的语言

火星人和金星人在交流方式上存在差异　016
金星人交流的四大目的　019
调整交流方式，才能赢得彼此的尊重　024

Chapter 03
男人习惯隐藏情感，女人喜欢到处倾诉

在男人看来，女人的倾诉就是抱怨　029
职场不是随意倾诉消极情感的地方　033
在女人看来，男人的牢骚就是对她们的怨恨　035
女人面对男人发牢骚时的四种反应　038
请记住男女牢骚的不同之处　042
用客观陈述代替情绪化表达　044
女人要尽量少用反问句　047
男人要避免质询和盘问　052

Chapter 04
男人爱给解决方案，女人喜欢提供建议

火星人的生活方式　060
金星人的生活方式　065
"修理先生"和"职场改造委员会成员"可以和谐共处　069
不要强行向女人灌输解决方案　070

目 录

不要告诉男人应该去做什么　072
最好不要试图改变男人　074
女人缓解冒昧建议带来紧张气氛的六大招数　076
女人要用合适的方式为男人提供帮助　079
男人赢得女人尊重的七大沟通招数　082
女人如何寻求帮助并帮男人保全面子　084

Chapter 05
男人躲进"洞穴"，女人滔滔不绝

火星人解决问题的方法　091
金星人解决问题的方法　093
男人在"洞穴"中解决问题　095
男人在"洞穴"中缓解压力　096
女人在团队中缓解压力　098
女人不要轻易打扰"洞穴"中的男人　100
男人的"洞穴"行为常给女人带来消极反应　102
正视参与，不要盲目排斥　104
谈论问题要把握合适的时机　108
尊重合作方式差异，实现默契共事　111

Chapter 06
男人需要鼓舞，女人需要宽慰

火星人和金星人对分享情感有不同看法　115
火星人和金星人有不同的情感表达方式　116
到底是谁在责备谁　119
金星上有效的安慰方式　120
火星上有效的激励和鼓舞方式　125
在职场中多表达积极情感　127

Chapter 07
男人重视效率，女人重视倾听

男人因为没有倾听丢掉了职位　134
倾听的10大好处　136
女人认为男人没有倾听的12种情况　138

Chapter 08
男人重视规则，女人重视态度

职场上，火星人的规则与金星人的态度共存　163

目 录

双赢：融合火星人和金星人思维模式的职场新规则　165
会议争论的背后是什么　168
男人和女人眼中的职场公平　170
了解异性的思维模式　172
女人为什么不主动索取支持　174
男人如何主动向女人提供帮助　177
女人直接索取帮助的五大法宝　181
对于男人，说"愿意"好过说"能否"　188

Chapter 09
设立界限，赢得异性尊重

火星和金星上的不同边界　194
男人为什么会有很强的进取心　196
女人要学会用中立的语调来重复界限　198
女人要学会坚持和重复自己的需求　201
女人为什么要掌握索取的艺术　205
女人要学会聪明地提出升职请求　208
升职加薪谈判的三大法宝　210
职场不是表达脆弱情感的地方　213
在职场和私人生活之间设立界限　215

Chapter 10
赢得情感支持，缓解职场压力

最成功的人往往是能够正确处理压力的人 219
身处压力之下，男人如何做出反应 221
身处压力之下，女人如何做出反应 223
职场不是医院 225
学会给予他人情感支持 227
男人和女人的首要情感需求 228
错误的情感支持会让你在不经意间丢掉生意 234
男人如何赢得女人的情感支持 238
女人如何赢得男人的情感支持 241

Chapter 11
学会自我展示，得到你想要的工作

火星人展示能力，金星人隐藏能力 247
女人要学会争取分数 250
争取分数的两种方式 253

男人会维护自己的分数　259
火星人和金星人的幽默差异很大　261
男人的幽默方式是贬低他人　264
女人的幽默方式是自我贬损　267
男人喜欢新闻，女人喜欢"八卦"　269

Chapter 12
在职场中从异性手中获得分数

获得女人手中分数的101件秘密武器　275
获得男人手中分数的101件秘密武器　286

后记
记住男女之间的差异

自 序

多年以前，当我在创作《男人来自火星，女人来自金星》这本书时，我被书中的观点在职场中起到的作用深深震惊了。在短短几个月内，我的学员增加了数倍，并排起了长长的队伍。其实，我只是做出了一个简单的改变，这种奇迹就发生了。

我是怎么做到的呢？对于女性学员，我努力控制住自己火星人的本能，没有像往常一样立即向她们提供解决方案，而是耐心地倾听她们的心声，并多向她们提问。就这样，变化悄然发生了，我的女性学员越来越多。

我曾多次询问我的女性学员，她们是如何知道我的。她们几乎每个人都给了我同样的答案：一个朋友告诉她们，我真的很理解她们，关心她们，所以她们要来我这里。这真是不可思议，我只在我的交流方式上做了如此小的改变，就被认为"真的很理解她们，关心她们"。令我不解的是，此前我也一直都很理解和关心她们啊，为什么没有这么多人对我这样说呢？

当时我是通过立即提供解决方案的方式来表示的。对于这种方式，男性学员很欢迎，他们很感谢我可以迅速地为他们排忧解难。女性学员则不同。

　　我发现，当我花更多时间来倾听女性学员的心声并向她们询问时，她们中的大部分都会对我表示感谢。有了这个发现，我就能更有效地向她们提供帮助。随着对男女解决问题方式差异的进一步理解，我掌握了更有效地表达我对她们的支持的密码。

　　在《男人来自火星，女人来自金星》这本书中，虽然我重点讨论的是个人和浪漫的关系，但很多人告诉我，书中的很多观点和见解在职场中也起到了很大的作用。男人和女人都谈论着对男女本身差异的正确理解在职场中为他们带来的好处。针对大家需要更多信息的要求，在本书中，我不仅应用了《男人来自火星，女人来自金星》中的很多基本观点，还增加了许多其他观点。就像男女差异以不同的方式在个人关系中呈现一样，它们也以不同的方式在商业关系中呈现。虽然有时这些差异在职场中并不明显，但它们的确存在，并经常被误解。人们经常谨慎地保护着自己的个人情感。在这种环境下，洞悉他人的想法和需求，就容易使你出类拔萃。

> 虽然有时男女之间的差异在职场中并不明显，但它们的确存在，并经常被误解。

　　本书揭示的观点和见解是通用的，适用于所有人——首席执行官、首席运营官、经理、顾问、普通员工、助理和秘书。

自 序

职场环境颇为复杂，有着各种不同的等级、团队、分工、部门和机构，男女之间的理解和误解更能在很大程度上影响公司的成败。在职场中，更好地理解男女之间的差异能为个人和公司带来更大的利益。

在职场中，如果能了解男女之间交流和处理问题方式的差异，你就能赢得更多的尊重、信任和支持。在展示自我和对他人做出回应时，你如果做一些微小而重要的改变，就会受益匪浅。

> 根据他人的需求，以合理的方式和他人进行沟通，你就能大有所获。

在职场中，我们彼此之间的差异都很大，似乎我们都来自不同的星球。是的，我们的确来自不同的星球：男人来自火星，女人来自金星。若能更好地理解我们之间的差异，世界就会变得更加和谐。当然，差异并不意味着隔阂和分歧。理解了差异，我们就能相互尊重，相互信任，我们共同奋斗的职场也会变得更加丰富多彩。

如果不能理解我们之间的差异，许多合作、信任和尊重的机会就会被忽视。如果女人误解了男人提供支持的本意，男人通常就不会认同女人为职场带来的价值。理解了男女之间的差异，职场中各个级别和层次的男人和女人就更能相互感激。

认识到这一点，男人和女人就能积极地调整自己的思想和行为，就能更有效地支持对方，进而得到对方更多的支持。如果不能理解男女之间的差异，人们就会按照自以为正确的方式来为人处事，就会止步不前。

合理的沟通方式创造成功

成功的人通常会根据需要，以合理的方式和他人进行沟通，并尽量满足自己的需要。在职场中，只有当我们以合理的方式来表现自我，并和他人进行积极有效的沟通时，我们才能获得成功。

> 对性别差异的理解，能让你更好地与异性进行沟通。

在职场中，人们的沟通方式千变万化，在这种场合有效的方式，在其他场合不一定有用。显然，有些时候，我们可以表现真实的自我；有些时候，我们却需要根据对方的需要做出适当调整。自负的人可能会这样说："我就是我，我不必为他人做出改变。"但聪明的人会这样说："我怎样才能更好地为你服务呢？"事实上，我们身上都有火星人和金星人的特点，我们可以根据需求来展示火星人或金星人能接受的一面。

职场上需要尊重男女差异

男同事在一起开会时，通常情况下谈论体育是合适的，但

自 序

如果有女性在场，这样做有时就有些不太合适了（有些女性并不喜欢谈论体育）。同样，当有男人在场时，女人表露出自己脆弱的情感（如哭泣），或大谈八卦新闻，这显然也不太合适。随着越来越多的女性进入职场，随着男女之间的合作越来越紧密，我们需要认清哪些是合适的行为，哪些是不合适的行为。如果每个人都只关心自我，职场就会充满怨恨、沮丧和排斥。在其他星球上生活，如果不进行一些基本的生存训练，不以合理的方式和该星球上的人进行交流沟通，生存或成功就容易成为不可能完成的任务。

不过，我们即使对火星人和金星人有了一定的了解，也很难有一个明确的标准去判断某种行为的是与非。行为的方式有千万种。有时男人对女人说话需要格外小心，有时则不需要这样。同样，有时女人可以表现出真实的自我，有时则需要对自己的自然风格做出适当的调整。

一个人要做出合适的行为，就需要拥有敏锐的洞察力、策略、灵活性和智慧。幸运的是，我们如果能了解男女之间的差异，就能更合理地选择为人处事的方式。当我们犯错误时，我们就不会一味地为自己辩护，而会从错误中吸取经验教训并适当调整自己的行为；当他人犯错误时，我们也能变得更加宽容。这是因为，我们知道在其他星球上选择合理行为方式的难度。

在谈到办公室中的男人时，知名媒体人雪儿说："杰克真是一个非常好的经理，跟他聊天就像跟女人聊天一样。"在这种情况下，与杰克谈论她的情感、男友和她个人生活上的其他事情是完全合适的。因为杰克学会了以一种尊重的方式倾听她的心声。通过调整自己的行为，杰克显得更为尊重雪儿，这样他也赢得了她的信任、合作和支持。

当销售代表汤姆谈到他办公室中的女人时，说他的经理凯伦"很棒"。她就像男人一样，他可以和她讨论任何事情……他们两个人的相互适应能力为他们带来了很大的好处。

当然，不是每个人都能做出这样积极的调整的。幸运的是，这种适应能力不是成功必需的唯一技能。我们只要能简单地认识、接受和尊重这种差异就够了。男人没必要表现得像女人，女人也没必要表现得像男人。

本书是供你挑选和参考的"自助餐"

对大部分人来说，本书提供的方法和见解能让他们更好地理解异性在思维、情感和反应上的差异。在我的研讨会或工作室中，有些参与者习惯将所有的事情都和自己联系起来，有些参与者则只会选择那些对他们有用的地方作为参考。我建议你以后者的方式来阅读本书，并将本书看成一份"自助餐"。这份"自助餐"里有大量的见解和方法供你挑选和参考。需要注意的是，某个方法对你有用，对他人却不一定。阅读本书时，请选择对你有用的部分，并将其他不适合你的放下。

本书揭示了男女之间存在的大量差异，但并不是说，所有男人都是一样的，或者所有女人都是一样的。事实上，每个人都是不一样的。当差异出现时，我们需要积极准确地理解它们，从而避免沮丧、失望和焦虑。

当某人没按照我们的需要做出反应时，请不要去怨恨和愤怒。我们应该知道：他本来和我们就是不一样的，大家有着不同的价值观和敏感度。不要对他人的差异产生敌意。只有这样，你的职场生活才会变得更加轻松和愉悦。

每个人身上都带有男性和女性的特征。本书的目的不是要求你去改变这些特征（你已经很完美了），而是帮助你了解男女之间的差异，并以一种最为有效的方式去和异性沟通，以便获得你寻求或希望得到的尊重和支持。

本书是获得成功和增强合作的指导手册

本书不是有关心理差异的理论研究，而是关于如何获得成功和增强合作的指导手册。认真读完本书后，或许你会以更少的付出换来更大的收获，或许你会发现你的工作经验得到了丰富，或许你会发现有些工作根本就不适合你。不管你是在寻找更好的工作，还是想在目前的工作中得到更多的收获，现在你手中掌握的就是一个能助你更加成功的金矿，而且金矿里有很多金灿灿的见解和方法。

本书的见解和方法源于无数成功的个人经验，这些经验曾经对无数个人和无数家公司产生了积极的影响。很多不同规模的公司都从本书提到的方法中受益匪浅。作为个人，你将在本书的帮助下更好地了解男女之间存在的差异，并通过一系列实用的方式更好地改善沟通方式，更好地进行团队合作，增强自己与管理层、员工、同事和客户之间的合作。

> 我们若能更好地了解彼此之间存在的差异，就能更好地进行团队合作。

本书对男人来说非常容易读懂。书中有很多有用的信息和方法，它们能帮助男人更好地了解女人，使他们在和女人相处的过程中容易建立良好合作。男人若能认真地学习本书，并加以练习，就能和他们的女性经理、员工、同事和客户建立起相互信任度更强的关系。

当女人认为男人是值得她们信赖的，是关心、理解并尊重她们的，男人在她们心中的影响力就会急剧提升。事实上，职场中的能力很多时候源于对自我的感知。或许你很有能力，但如果他人没有认识到你的能力，你就很难有机会去证明你的能力。理解了女人在思维、情感和反应上与男人的差异，男人就能更有效地表达对女人的尊重，从而更多地获得她们的信任。

> 如果他人没有认识到你的能力，你就很难有机会去证明你的能力。

当女人阅读本书时，她们经常会感到像在呼吸新鲜空气。

最终，那些对她们看似不公平的事情就会变得有意义，女人可能会得到更多的重视和理解。至少，她们现在有途径来争取成功需要的支持了。

女人在职场中面临的挑战比男人更大，要想有所成就，就必须突破现有的职场等级制度。我们都知道，一个人在刚进入一所新的学校或刚加入一个新的团队时是多么不易。当你学习本书提供的方法后，你的人生旅途就会变得更为轻松。

> 女人在职场中面临的挑战比男人更大。

为了获得更大的成功，男人和女人都需要做出积极的改变。职场中的活动需要男人和女人积极的配合。如果某人来自你的星球，你就可以本能地以你们都能尊重和接受的方式对其做出回应。如果某人来自其他星球，你就需要对你的本能反应做出合适的调整。这样，你的方式才能被他接受。对男人和女人来说，你们都没必要完全改变自我，只需要做出一些积极的调整。理解了男女在思维、情感和反应上的差异，女人就能更好地和男人进行沟通，就能获得更多的支持和尊重。

> 对男人和女人来说，职场中的每一次互动，都需要双方的积极配合。

如果你在异国他乡工作，你的成功就直接与你的语言能力和对当地风俗习惯的尊重程度密切相关。如果不接受某些特殊训练，你或许就不会去尝试在其他的文化环境中工作。如果受过良好的相关训练，你就不需要为了适应这些变化而去改变自我或改变自己的价值观。同样，理解了男人，女人就能通过做出一些积极的调整来获得成功，并且还不需要完全改变自我。

你如果在日本工作，就不会因为每个人都说日语而感到怨恨。有一个好的翻译或对日本有深入的了解，你就会对你的期望充满信心。同样的道理，如果女人能了解如何从男人那里获得尊重，她们对男人的抱怨就会自动消解，就不会再隔离自己。同时，她们还会发现和她们一起工作的男人在不断地给予她们更多的信任和包容。

女人有时会感到不公平或受到排斥，这很正常。这是因为，很多时候，女人不了解男人的思维习惯和行为处事的规则。女人若想获得更大的成功，又不了解男女的差异，就会遇到阻力，甚至让事业停滞不前。正面的、友善的沟通源于我们对彼此差异的理解。如果我们能了解彼此的差异，很多误解就能消除。

在职场中，异性同事能够真正地相互理解，相互尊重，相互支持，可以让他们的相处更加融洽。人们已经采取了很多办法来保障女人的权益，立法和规章制度起到了很好的作用，但仅靠这些还是不够的。认真阅读本书，男人和女人在获得他人的尊重和支持时就会变得容易，而不用苦苦等待他人的施舍。

> 我们如果能主动获得帮助，就不用苦苦等待他人的施舍。

幸运的是，大部分男人愿意并经常给予女人需要的尊重。尽管这样，一些女人还是会错误地认为，来自火星俱乐部的男人就是本能地排斥女人。当女人了解了男女思维的差异之后，她们就能认识到男人排斥的不是女人，而是她们的某些言行。

打破职场性别偏见，做出积极应对

当男人和女人拿到了获得尊重和信任的秘密钥匙，成功和合作之门就会向他们敞开。知道如何获得尊重，他们就不会坐在那里等待施舍了。

成功的女人经常会讲她们是如何破冰并将男人变成盟友而不是敌人的故事。这和男人走向成功的阶梯是同一个过程。理解了男女之间的差异，女人就能将她们的男性同事、经理、员工和客户变成盟友。

> 女人打破坚冰，将男人变成盟友而不是敌人。

除非女人得到尊重，不然，她们通常会对其他男人持有一定的偏见。在认真阅读本书后，女人不仅能成功地打破这种偏见，还能获得其他男人的尊重。就像滚雪球一样，她们从男人那里得到的尊重会越来越多。

这种变化并不是说，所有的事情都是那么简单和美好。遗憾的是，偏见仍然存在。只有女人在证明自己的能力并赢得应得的尊重时，这种偏见才会消失。所以，在职场中，女人面临着比男人更大的挑战。

> 职场中的偏见，使得女人面临着比男人更大的挑战。

生活中的任何一个领域要发生变化，我们都需要为此做出一些改变。幸运的是，我们不必改变自我，只需改变沟通方式；我们不必改变自我，只需改变对他人做出回应的方式；我们也不必牺牲真实的自我表现，只需让我们的表现得到他人的理解和尊重。理解了男人和女人之间的差异，我们就能拥有足够的智慧来做出积极的应对。

和你们一起分享本书是我的荣幸。我衷心地希望男人和女人都能从中获益，并衷心地希望职场能渐渐地变成一个更加美好的地方。

约翰·格雷

于美国加州磨坊谷

Chapter 01

职场中的火星人和金星人

现在,请想象"男人来自火星,女人来自金星"的景象。很久以前,火星人和金星人在偶然相遇、相识、相知后坠入爱河,并决定留在地球上,一起努力创建美好的生活。

他们之前的生活与现在差异很大。当初,他们分工明确,火星人外出挣钱养家,金星人在家中相夫教子。渐渐地,金星人厌倦了这种乏味单调的生活方式,她们不想再依赖火星人生存,而想去见识外面精彩的世界,并像火星人一样在外工作,实现自己的人生价值。就这样,越来越多不同年龄层的金星人纷纷走出家门,走进职场,打造了属于自己的独立角色。

与此同时,一些火星人也渐渐发生了变化,他们开始更多地参与到家庭中来,开始体会比工作更有乐趣的事情,并不断发现家庭给他们带来的无限欢乐。

我们可以看到,这种转变是很自然的事情,却为职场带来了巨大的矛盾和冲突。更让人担忧的是,这种转变使火星人和金星人都不可避免地遭受了选择性健忘症的困扰。他们忘记了男人和女人的本能的区别,并且忘记了这种本能本身对他们双方都是非常有益的。

当差异和谐相处时,奇迹就有可能发生。

Chapter 01　职场中的火星人和金星人

起初，在职场中，男人并不尊重女人，也很少认同女人，除非她们和男人有着同样的表现。就这样，女人为了获得男人的尊重，为了证明自己的价值，为了和男人有着同样的表现，开始改变自己。于是，许多女人开始委曲求全，抑制自己金星人独有的特性在职场里努力拼搏。但这种长时间的抑制最终导致女人在职场中充满了不悦和埋怨。

对于那些不愿意放弃金星人特性的女人来说，身在职场的她们不仅无法得到与男人同样的尊重，还要忍受不公平的待遇和歧视。有时，她们还会被认为不适合或没有资格参与"男人的工作"。

这样一来，女人要想在职场中获得成功，就要放弃自己金星人的特性，就要超负荷地工作，并生活在压抑之中；要想保持金星人的特性，就很难得到男性经理、同事、员工、客户的尊重。

遗憾的是，这种职场乱象并不只发生在女人身上。那些以家庭为重心的男人同样遭受着痛苦，他们也得不到那些以工作为重心的男人的尊重。如果任由这样的情形发展下去，对大家都没有好处，最后也不可能实现双赢。

幸运的是，在当前的这个时刻，事情有了一个美好的结局。一些男人和女人记起了他们各自的不同之处：男人来自火星，女人来自金星。他们开始相互理解并尊重各自的不同，在职场上取长补短，携手向前，共同奋斗。

女人开始意识到她们对男人的误解给她们的成功带来的危

害，开始意识到她们可以不用压抑自己的金星人特性就能赢得男人的尊重。同样，男人也更加理解女人，通过和女人的沟通交流，他们变得视野更加宽广，工作起来也事半功倍。

尊重女性价值，男人做事就会事半功倍。

那些懂得尊重女性价值的男人在职场中往往会获得越来越多女性的支持和信任，做起事容易获得成功。那些懂得相互尊重和相互信任的男人和女人在家中也同样能体会到更大的成就感。他们渐渐地成为其他人的榜样和导师。这样，最终所有人都能幸福地生活在快乐之中。

大家共同努力，事业才会成功

刚才所说的还只是想法和希望，但不是幻想。我们所有人都希望生活在一个充满尊重、信任、公正的繁荣世界里。为了我们自己，为了我们最爱的人，更重要的是为了我们的子孙，我们都希望这个梦想能变成现实。

每个男人都需要、都值得在不牺牲丰富多彩的家庭生活的同时获得工作上更大的成功。同样，每个女人也都需要、都值得在不牺牲高质量的家庭生活的同时去自由选择职业，创造属于自己的财富，实现自己的人生价值。

难道丈夫希望自己的妻子在工作中遭受不公平的待遇、受人歧视吗？难道妻子希望自己的丈夫为了事业和成功，每天回到家中都筋疲力尽倒头就睡吗？每位父亲都希望自己的女儿能和儿子一样有着同样的获得成功的机会，每位母亲都不会希望自己的儿子为了前程而整天在外奔波劳累。这听起来有些理想主义，但这些理想的确是我们大家都希望实现的，并且我们应该从现在开始为实现这种理想而付出努力。

越来越多的女性参与到工作中来这一事实，为我们改变现状、实现理想提供了很多很好的机会。通过获得男人的尊重，女人更有力量去影响那些持有"男性主导职场"想法的人，并使大家的观念得以转变。本书为职场中男女的和谐相处提供了一些最为基础的方法和见解。通过一些小小的但很重要的沟通方式的改变，女人就能在不牺牲自己金星人特性的前提下获得男人更多的尊重。随着女人获得越来越多的尊重，男人也会体会到越来越多的生活乐趣。

通过本书对职场中的火星男和金星女的分析，一种职场中的新平衡就会产生，我们工作和生活的各个方面也会变得更加多姿多彩。对于男人和女人来说，事业上的成功会为丰富多彩的家庭生活提供更多的可能性。

Chapter 01　职场中的火星人和金星人

理解火星人和金星人的不同

如果不能准确地理解火星人和金星人的不同之处，我们不仅会容易误解对方，还会对对方进行一些消极的和判断性的思考。男人会错误地将女人判断为"累赘"或"无能"，女人则会错误地认为男人"大男子主义"或"变态"。如果能记住"男人来自火星，女人来自金星"这一现实，我们就会更容易地注意和理解我们之间的不同之处。

> 理解两性的差异能使男人和女人获得彼此的尊重和信任。

在职场中，要想获得更大的成功，我们就必须获得别人的尊重和信任。没有人会像我们的爱人一样轰轰烈烈地爱着我们并为我们默默付出，我们必须和那些想从我们身上获得最大价值的人打交道。

职场中充满了激烈的竞争。为了获得成功，我们必须努力，努力，再努力。这和家里的情况大不一样。在家中，我们可以不断付出，不求回报。在职场中，我们兢兢业业，但我们这样做的主要动力还是为了更好地生活。

> 为了获得成功，你必须努力，努力，再努力。

在职场中，我们也许想要帮助所有人，但最终只会为那些付我们报酬的人服务。职场不是慈善机构，职场没有免费的午餐。情绪化只会让你的工作受挫。本书的目的是通过改善职场中男女的沟通技巧来改善他们之间的关系，从而使大家在事业上获得更大的成功，而不是帮助大家创建幸福美满的家庭生活。

在本书中，我探讨了职场中男女之间的差异，以及这些差异是如何经常被对方误解的。本书的每一章都会提醒你更加注意男女之间的差异，并使你意识到过去由相互误解带来的不良后果。通过认真阅读本书，通过你在和异性交流方式上的小小变化，你将会得到应得的尊重和信任。你从本书中收获的每个新发现都会帮助你获得更多的支持，并使你的事业更加成功。

职场男女将从相互理解中受益

随着职场中的男女开始相互理解,获得更大成功需要的尊重和信任便开始逐步建立起来。这种相互尊重和信任的工作氛围不仅为大家带来了更大的利益,还带来了竞争需要的能量和创造力。大家的工作也会因此事半功倍。

在这种氛围下,那些以工作为核心的男人会开始重视女性的价值,会看到自己因为理解和尊重女性实现了自身价值的提升,会看到团队的工作效率和业绩因为女性的大力相助得到大幅提高。对于一个从事营销或客服领域工作的男人来说,如果他得到了一位女性的信任,就可能会有更多的女性去购买、支持、宣传和推荐他负责的产品。

而那些以家庭和孩子为核心的女人,在孩子离开家开始工作后,也会因为男人对女人的尊重和理解,开始思考进入或重入职场,并以此平衡自己的生活。

通过改善与异性之间的沟通,我们能得到要获得更大的成功需要的尊重和信任。

通过认真阅读本书，我们将会发现男人和女人之间在很多方面互有误解。当我们感到不公平时，这些不公平往往就是由相互之间的误解造成的。当职场中的男女有了更好的交流和沟通后，我们再解决起这些问题来，就会游刃有余了。

同时，我们也要注意，并不是有了更好的交流和沟通后，职场男女就能和谐相处。在女人进入职场之前，男人之间就存在着不公平和歧视。偏见和排斥不是在女人进入职场之后才有的，而是早就存在了。职场永远不会是一个完美的地方，并且一直都不是。随着越来越多的女人进入职场，她们为我们创造更好的职场环境提供了很多新的机会。

通过认真阅读本书，我们将会发现男人和女人在面临挑战和处理问题时表现出的不同之处。当然，探索这些差异不是为了去判断或批评它们，而是为了使我们更加珍惜和理解这种差异，并从中受益。

理解男女之间的差异能使男女相互取长补短，而不是为了产生矛盾和冲突。男女之间的差异就像苹果和橘子一样，或许有人更加喜欢苹果，但这种偏好不会使苹果变得更好，也不说明苹果就比橘子好。通过正确地理解男女之间的差异，我们就能更好地和异性相处，从而达到自己的目标。

有时差异中的一方有优势，有时则是另一方有优势。通过这种差异的整合和平衡，一些更美好的事情就会发生。我们不

Chapter 01　职场中的火星人和金星人

能将苹果变成橘子，但可以将这两种水果做成美味的沙拉，从而同时享受它们的美味。

我衷心地希望你能将本书作为处理职场中男女关系的地图或指南针。当你迷茫时，当你遇到挫折时，请认真阅读本书，本书将会给你信心、力量和智慧，让你和其他人从中获益。

Chapter 02

不同的星球，
不同的语言

在职场中，男女之间的差异重点体现在相互交流上。男人和女人来自不同的星球，说着不同的语言，但他们都没有意识到这一点，而是一直都认为彼此在说着同样的语言。即使他们所用的词语相同，其内在含义也大相径庭。就算用同样的方式表达，他们的情感重点也会不一样。所以，男女之间的误解频繁产生。

> 火星人和金星人所用的词语相同，其内在含义却大相径庭。

对异性的错误理解、偏见和判断，使得男人和女人都不愿意去尊重和信任对方。通过男人的用语、表达方式和感情，女人会错误地将男人看成自私、不负责任的人，从而认为男人不值得信任。同样，通过女人的交流方式，男人也会错误地将女人看成"累赘"或"无能的人"，从而不愿意给予女人应得的尊重。

这样的结果并不是男人或女人天生或故意要成为性别主义者造成的，而是男女之间的理解偏差和错误造成的。很久以前，男人和女人分工明确，一个在外面工作，一个在家中养育孩子，双方互不干扰。现在不同了，男人和女人都在一起工作，他们

Chapter 02　不同的星球，不同的语言

是一个团队。这是一种进步，也为他们各自增加了不少压力和负担。除非大家能相互理解和尊重，不然工作中的不满情绪就会不断增加，工作创造力也会不断减少。

> 男女作为一个团队一起工作是社会的巨大进步，但这种进步也为他们增加了不少新的负担。

如果能理解火星人和金星人在交流方式上的差异，并能注意到他们作为一个团队可以让工作更出色，这种差异就不再是职场男女之间的障碍，反而还可以让他们从差异中受益。随着男女之间的相互理解和尊重的增加，一种新的、和谐的模式就会在职场中产生。

火星人和金星人在交流方式上存在差异

火星人和金星人在交流中的主要不同点是前者以任务为核心，后者则以关系情感为核心。在火星上，火星人交流的主要目的是解决问题、完成任务；在金星上，金星人的交流不仅为了解决问题，还为了减少压力、增进感情，以及激发创造力和灵感。对于男人来说，他们之间的交流主要是为了传递内容或信息；对于女人来说，她们之间的交流远比男人之间的交流丰富。

这种交流目的上的区别使得男女之间产生了许多误解。如果女人意识到这一点，她们就会知道她们不受男人尊重的原因。同样，如果男人意识到这一点，他们就会知道他们不被女人信任的原因。所以，男人和女人对彼此间交流差异的理解有助于双方进行更好的沟通。

在火星上，男人信奉"时间就是金钱"，他们说话通常就是为了解决问题或收集能帮助解决问题的信息。男人表达观点时，往往言简意赅。与自己观点无关的话题，他们只字不提。对他

Chapter 02 不同的星球，不同的语言

们来说，与观点无关的交流只会浪费时间。当然，有时，成功的男人也会说很多话，但他们说的每句话都是很重要和很有必要的。

> 在火星上，男人往往用最少的词语来表达最重要的意思。

当男人信心百倍地在男同事面前讲着自己的观点时，他们往往会受到对方的尊重。但当男人在获得男同事尊重时，他们忘记了一点：他们如果以这种方式和女人说话，就容易失去女人的信任和支持。

当然，解决问题并不是男人的专利，女人同样拥有解决问题的能力，只不过她们的表达方式常会给自己带来一定的质疑。在解决问题时，女人往往比男人更加注重关系和情感。她们的言语往往带着感情色彩。这样一来，她们就显得不够自信，也容易让人质疑。比如，男人就会轻易地认为女人在面对问题时没有自信或没有能力。但请注意，她们是金星人，这种特点是她们与生俱来的。

在金星上，女人在表达自己见解的同时还会表达自己的情感，或者她们的见解中还会包含其他女人的见解。这种表达方式在金星上能增进感情、获取信任，但她们忘记了：在火星上，多余的、不确定的用语会使话多的男人被其他男人认定为无能。

> 在金星上，女人的话语不仅表达见解，还带有感情色彩。

不过，女人也有言简意赅、直入主题的时候。虽然从金星人的特性出发，女人更欢迎倾听者，但女人不是任何时候都愿意花时间来和倾听者建立友好关系的。当她们不想和倾听者建立友好关系或不想尊重某人时，她们也会言简意赅，直入主题。从这个角度来说，当男人说话言简意赅、直入主题时，女人会认为男人不尊重她们，也不想和她们建立友好关系。这样，男人就不会得到女人的尊重和信任。

在工作中，女人往往倾向于与能考虑她们情感因素的男人合作。如果男人不顾女人对其直截了当的方式做出的不满反应，误解很快就会产生。更糟糕的是，当男人说话十分直接时，女人还会认为男人在生她们的气或讨厌她们。在金星上，当女人生气或讨厌某人时，她们就会逃避和某人进行交流。对她们来说，没必要花时间跟这些人打交道。这样，她们就会以一种非常直接的方式来和别人交谈，或者根本不交谈。

当男人过于直截了当、言简意赅时，女人会轻易地认为男人不尊重或是讨厌她们。事实上，或许男人很喜欢女人，只是他们所用的交流方式让女人无法接受和理解。

Chapter 02 不同的星球,不同的语言

金星人交流的四大目的

职场中的男人只为简单的目的进行交流,女人的交流则有四大目的。理解这种差异能使职场中的男女进行更为有效的交流。现在,我们一起来探讨金星人交流的四大目的。

表达见解

男人和女人都必须用语言来表达自己的见解。男人用最少的词语来表达见解或传递信息,他们的观点往往言简意赅、直截了当;而女人的语言除了表达见解外,还要表达其他的内容。

> 男人的表达言简意赅,女人的表达则丰富多彩。

给予或获得情感支持

女人用语言来传递情感信息。女人说话时,她们的话语中或许没有任何见解并和工作无关,或许她们只是简单地告诉你

有关她们的情感状态。表达和分享一些消极情感是金星人给予或获得支持的一个强有力的武器。

比如，当一个女人说："今天可真忙。"另一个女人则可能这样回应："是呀，今天过得可真慢。"

这种简单的回应表达出了多种含义。

1. "我关心你，你对我很重要，所以我要处处为你着想、支持你，我和你的想法是一样的，我们心连着心。"

2. "我理解。或许我没有你那样忙，但我和你有相同的感受，我知道你的处境。"

3. "我很尊重你。你今天工作真的很努力，你真能干，你有权利感到劳累和压力。"

在这种交谈中，有情感信息在里面。这样，两个女人之间就进一步建立起了相互的理解、信任和尊重。另外，通过这样的交谈，繁忙的一天变得轻松了许多。

在金星上，获得信任的秘密武器就是随时随地表现出关心、理解和尊重。当女人收到了你传递的这种信息，她们就会变得更加信任你，变得更加放松。通常，在职场中，女人感受到的压力更大，因为她们经常感受不到被关心、被尊重和被理解。

> 在金星上，付出关心、理解和尊重，自然会赢得其他人的信任。

Chapter 02 不同的星球，不同的语言

现在，我们一起来探讨一下当男人听到女人说"今天可真忙"时做出的反应。

男人或许会这样回答："没那么糟糕吧？""有时有人比你还忙碌。""我们也没有那么忙吧？""你能做到的。"

这样的回答没有使男人和女人产生共鸣，男人或许还认为自己的回答能起到积极的作用，但男人真的错了，这个回答不是女人想要的，也没有起到积极的作用。

当女人和你分享她们的情感时，她们真正需要的是你的共鸣、理解和关心。当女人说"今天可真忙"时，下面的回答才是她们真正想要的。

1. "我知道，问题不断，一个接着一个，真累。"
2. "感谢上帝呀，今天终于到周末了。"
3. "你做的事情可真多。"
4. "真是忙得喘不过气来。"

通过倾诉来缓解压力

很多时候，当一个女人感到压力时，她会向朋友倾诉以便获得共鸣和支持，从而让自己感受好些。当共鸣产生时，她们之间的信任也相应增加。当她们谈论问题时，这个女人会意识到有些事情或许没有她想象的那样糟。她或许会谈论她将来想做的事情。这对她来说是一个缓解压力的好方法。通过和别人的交谈，她能感到更为放松，并能找到一些有用的方法。

> 谈论将来要做的事情能缓解女人在工作中遇到的压力。

当男人听到女人发泄情感时,他们可能会误认为女人在逃避现实或女人很无能,他们可能会这样理解女人的意思:"我要做的事情有很多,但我就是不会做。"但男人错了,这不是女人想要表达的意思。

当然,男人也有发泄自己情绪的时候,但他们不会表露出来,他们会将这些情绪装在自己的心里。男人或许会这样想:我不知道我能不能做这件事;或许会这样想:也许我能做这件事情,我可以做这件事情,我知道我会做这件事情……但他们不会向别人倾诉。他们在内心深处不断地这样对自己说着类似的话。渐渐地,他们感觉好受了一些,并变得更有信心起来。

男人会在自己的内心深处做出计划来使自己感觉更好,并使自己更有信心;女人则通过向别人倾诉来获得更大的信心。大部分男人还没意识到男女之间的这种差别,当遇到问题时,他们的第一反应往往是做出计划而不是向别人倾诉,因为如果说出自己的问题会使他们感到更为糟糕。

通过交谈来发现见解

大家应该都经历过认识某人而想不起其名字这样的事情,并且有时话到了嘴边又忘记应该说什么。有时女人说话也这样,

Chapter 02　不同的星球，不同的语言

她们绕着圈子不进入主题。但这种迂回的表达方式，男人可接受不了。男人在说话之前一般都知道自己要说什么，女人则会随着交谈的深入慢慢切入主题。

> 男人在说话之前一般都知道自己要说什么，女人则会随着交谈的深入慢慢切入主题。

实际上，大部分有创造力的男人和女人都是以通过交谈来发现见解的方式工作的。刚开始时，他们不知道会发生什么，也不知道会有什么样的结果，但当他们的交谈往前推进时，许多新的发现就自然产生了。

当女人漫无目的地进行交流时，她们想表达的一些观点可能随时会产生，或许她们会突然这样说："这就是我要告诉你的，这就是我想说的。"然后开始发表自己的见解。在这种情况下，女人的思路很模糊，她们不知道自己想说什么，但随着交谈的深入，她们会突然蹦出自己的想法。那些更有创造力的男人也需要通过这种方式来激发灵感。

而不了解情况的火星人可能会这样想：如果这就是你想说的，那你为什么不早些告诉我，而让我在这里等这么久呢？请别浪费我的时间，直入主题好吗？

调整交流方式,才能赢得彼此的尊重

在职场正式场合中,成功的女人会以表达见解为目的进行交流。她们表达观点时会直截了当。在其他非正式和较为放松的场合,她们会将这几种交流的目的糅合在一起。但这种混合型的表达方式会使男人困惑,也会使女人的职业形象大打折扣。

女人在分享自己的情感和绕着弯子表达自己的观点时,男人会表现得很不耐烦。虽然女人的这种交谈方式在金星上效果很好,但在火星上情况则大不相同。如果火星上的男人像金星上的女人一样表达观点,他们就得不到别人的尊重并会深感受挫。在职场中,女人要想获得男人的尊重,就应该注意观察别人对她们的看法,并做出适当的调整。

当一个女人要表达自己的见解时,她可以这样说:"我现在还不知道我到底要说什么,让我们先一起来探讨一下吧。"这样简单的一句话就能使别人知道你在做什么。

当一个女人要表达自己的情感使自己更放松时,她可以这样说:"你有几分钟的时间吗?我想和你谈谈心。"谈完后,她

Chapter 02　不同的星球，不同的语言

应该这样说："谢谢你，我现在感觉好多了。"这样的交谈能使男人明白，他们没有在浪费时间。

当一个女人想建立友好关系时，她可以这样说："让我们先休息会儿吧，我想问你一个私人的问题。"当倾听者向你敞开大门时，你就可以和他们谈论更多的内容。

你还可以用多种方式来使男人和你认真交谈，使他们成为你忠实的倾听者。和男人交谈的一个主要技巧就是要寻找合适的机会，并不要期待他们能很快听懂你所说的问题。除此之外，你还要说一些轻松幽默的话。这样，你们就能进行一些愉快有效的沟通了。

Chapter 03

男人习惯隐藏情感，女人喜欢到处倾诉

男人和女人缓解压力方式的不同影响了男女之间的交流。身处压力之中，男人倾向于隐藏自己的情感，女人则喜欢到处倾诉。如果不能理解男女缓解压力方式的差异，男女之间就很容易产生误解。下面就是常见的例子。

　　通常，女人会通过倾诉来分享自己的情感，从而获得一定的认同和支持，男人则会错误地认为女人就是在抱怨。另外，当身处压力之下的男人被要求做某事时，他还会发牢骚，并表现出一种不耐烦的样子。这时，女人往往会误认为他不愿意或在满腹抱怨地做她要求做的事情。

　　如果不注意到这一点，我们不仅会失去获得支持的机会，还会失去彼此之间的信任和尊重。那么，如何做才能尽量减少甚至避免误解发生呢？要得出答案，我们不妨从身处压力之下的男女入手，看一看身处压力之下的女人是如何向别人倾诉的，身处压力之下的男人又是如何闷闷不乐的。

Chapter 03　男人习惯隐藏情感，女人喜欢到处倾诉

在男人看来，女人的倾诉就是抱怨

喜欢倾诉是女人的特性。当她们把这一特性代入职场时，误解通常就会出现在她们与她们的男同事之间。在她们看来，无论是分享自己的消极情绪，还是分享自己的想法，都是在倾诉。男同事却并不这么看。当女人在职场分享她们的消极情绪时，男人认为她们不是在分享，而是在抱怨或责备。当女人和男人分享她们的想法时，男人认为她们就是一直在不停地抱怨。正是这种"抱怨"使得她们失去了男人对她们的尊重。在男人看来，他们根本就不知道女人在抱怨什么。这也是男人不尊重女人的主要原因之一。

> 当女人向男人倾诉不悦时，男人听到的全是抱怨。

实际上，倾诉和抱怨有很大的区别。举个例子：当你为某事而感到愤怒，你完全说出自己内心的感受，且这些感受只和你自身有关，不涉及他人，这就是倾诉；同样的情境，你除了表达自己的不满、失望和沮丧，还要埋怨别人（这个"别人"

通常就是为此事负责的人），这就是抱怨；但当男人或女人带着纠正的意图，向对方表达消极情感时，这就成了责备。

当男人向另一个人表达消极情感时，这种表达往往会带着纠正的意图。男人通常都会这样做，他们有时甚至不知道自己为什么要这样做，这或许就是他们的习惯。很早以前，在火星上，火星人在战斗开始前会在脸上涂上油彩并围在火堆旁跳舞。他们这样做是为了制造声势，促使敌人投降。

在职场中，当男人提高音量时，他们认为这会更有效地促使其他人做出让步。可现在的人们不会屈服于别人的怒吼，也不愿意被别人训斥。如果男人长期依赖这种表达消极情感的方式，只会造成更多的不信任和不尊重。

> 在火星上，愤怒和责备通常是恐吓或威胁他人的表现。

在火星上，伤心、不满、焦虑或遗憾有时是男人推卸责任的方式。这些情感的表达通常是为了间接地责怪他人。比如，一个男人在责备犯错的同事时会这样说："真让人失望，你没有按时完成任务。"这句话中明显有责备的意思。或者还会这样说："你看，都被你耽误了，我真担心我们都不能按时完成任务。""下次多注意点，希望这样的事情不要再发生。"

这种利用愤怒来恐吓别人的表达方式已经过时了。当然，有时为了促使他人做出更好的转变，抱怨或责备是有必要的。

Chapter 03　男人习惯隐藏情感，女人喜欢到处倾诉

但一直利用这种消极的情感表达方式只会适得其反。如果运用一些合适的表达方式，你同样会达到目的，别人也会愉快地接受，不会感到愤怒和被恐吓。与责备的方式相比，直接而尊重的方式让人更容易接受，并能取得更好的效果。

由于男人在抱怨和责备时天生会运用消极的情感表达方式，所以当女人在向他们倾诉时，他们就会自然地误解女人的意图。他们会认为，女人要么是在推卸责任，要么是在责备他们。当然，女人同样会用消极的情感表达方式来抱怨和责备他人，但大部分时间都会向别人倾诉自己的消极情感，以便增进友好关系，并让自己感觉更好。当男人误认为她们是在抱怨或责备时，她们其实只是在倾诉。

> 当男人误认为女人是在抱怨或责备时，她们其实只是在向男人倾诉心声。

大部分男人不会区分这里面的差别。因为在火星上男人极少向他人倾诉心声，倾诉心声对他们来说没有任何意义。只有当他们要完成某事时，他们才会表达自己的感情。在火星上，如果出现了问题，且男人不能解决这个问题，他们就会尝试着去接受这个现实。男人天生的格言就是："你如果无力改变，那就默默地接受现实吧。"

> 在火星上，你如果没有能力解决问题，就没有理

由去为之烦恼或对此喋喋不休。

女人对此有着不同的见解。女人会这样想：如果你不能去解决它，那就让我们聊聊它吧。通过谈论各自遇到的挫折和不满，女人能缓解压力，使自己变得轻松。女人通过倾诉自己的挫折和烦恼来促进友好关系，增进感情。在金星上，当不幸发生时，女人会将这种不幸拿出来探讨，并变成一种好的经验供大家分享。

男人啊，请记住：当女人向你们倾诉心声时，请不要去抱怨和责备她们。当女人向你们倾诉心声时，她们是想获得你们的情感支持、理解、尊重和关心。如果男人意识到这一点，他们就会在工作中获得女人更多的信任和尊重。

大部分男人不会区分抱怨和倾诉之间的差别，因为在火星上男人几乎从不向他人倾诉心声。

如果男人不了解女人，女人就很难感受到男人对她们的尊重、理解和关怀，就会认为自己受到了不公平的待遇、不被男人尊重。若能记住"男人来自火星"这个事实，女人就能更好地理解男人。对男人更好的理解有助于女人正确地判断男人对她们做出的反应。

男人如果能记住这些差别，就会更耐心地去倾听女人的倾诉，并能对女人的倾诉做出正确的判断。记住"女人来自金星"这个事实，男人就会变成更好的倾听者并能获得女人的信任。

Chapter 03　男人习惯隐藏情感，女人喜欢到处倾诉

职场不是随意倾诉消极情感的地方

在竞争激烈的职场中，总有许多人在等待机会去展示自我。在合适的时候选择合适的听众去倾诉心声，会使女人获得更多的尊重。

当一个女人身处压力之下并发现其他人不愿意倾听她的心声时，她最好不要忙于表露。她可以找个知心朋友倾诉，或将自己在金星上而不是在职场中要说的话写在日记里。花些时间写写日记和对朋友倾诉一样有效，这样也能缓解压力（虽然和工作中的好朋友交谈也能缓解压力，但这容易在同事中产生隔阂）。

> 花些时间写写日记和对朋友倾诉一样有效，这样也能缓解压力。

为了缓解压力，女人应该大胆并准确地说出自己的真实感受，哪怕这种感受在下一秒就发生了变化。通过对消极情感的探讨，一些积极情感就有可能随之产生。对于一个女人来说，

上一刻或许她还消极地认为没人支持和关心她，但在下一刻一切又都发生了变化，她开始想起还有许多人在支持和关心她。

女人啊，请记住：最好不要在工作场所随意地向他人倾诉你的消极想法和情感，这样容易引起误解。语言有着强大的影响力。有时说者无意听者有心，或许你早就将你对别人不经意的评论抛在脑后，别人却可能将其牢牢地记在脑中，他们很有可能会因此对你进行报复，这样对你很不利。在职场中，请不要刻意去挑别人的毛病。如果公司里处处有人与你作对，你就很难有所发展。

> 如果公司里处处有人与你作对，你就很难有所发展。

为了有效地缓解压力，男人和女人都必须记住他们不能在职场中找到所有的情感支持。他们如果深感压力，就应该在职场之外寻找合适的机会来释放压力。现在，越来越多的公司都为自己的员工提供了缓解压力的机会，如举行派对、推行灵活的工作时间制度、提供健身福利等。这些方式已经取得了良好的效果。

在女人看来，男人的牢骚就是对她们的怨恨

男人失去女人信任的一个主要原因就是：女人认为男人不满的嘟囔就是对她们需求的怨恨。当男人闷闷不乐或发牢骚时，女人会错误地认为男人不愿意去关心和支持她们。在金星上，男人的这种表现就像他们不愿为女人提供支持，或者认为女人要求太多。这样，女人开始躲避男人，并最终导致女人对男人的信任渐渐消失。

> 当男人拒绝女人的请求时，女人会认为男人对她有所怨恨。

在金星上，拒绝和怨恨有很大的差别。当男人闷闷不乐或发牢骚时，他们的拒绝与女人的要求其实关系不大，或许他们已经在为女人的需求行动了。男人的闷闷不乐或牢骚不是拒绝女人要求的消极信号，而是准备行动的积极信号。这意味着他们正在考虑女人的需求。如果男人不愿意考虑女人的需求，他们就会冲着她笑着说"不"。

通过对男人的思维和反应的理解，女人就能更为准确地理解男人的真实想法和意愿。

> 当男人闷闷不乐或发牢骚时，这并不代表他们不关心或不愿意考虑你的需求。

就像女人以倾诉的方式缓解压力一样，男人也通过闷闷不乐或发牢骚的方式来缓解做决定时产生的压力。当男人需要做出决定时，他们通常会在自己的思考过程中表现得闷闷不乐或发牢骚。但这只是暂时的，就像打喷嚏一样短暂。

女人向男人提出的需求越多，男人就会表现得越发闷闷不乐或越爱发牢骚。男人的这种表现与他们的意愿或女人的需求没有直接的联系。或许这只是他们思考如何满足女人需求的一个过程。一旦他们想好后，这种表现就会立即消失。

你可以想象这样的情景：当男人开车往南行驶时，你突然要求男人掉头往北。这时，男人需要猛踩刹车以便考虑你的需求。但女人通常不会这样做，她们会一边继续向前行驶，一边考虑掉头行驶的利与弊。

火星人的座右铭是"一次做一件事"。男人可以做出改变，但需要过程。女人则不会这样，她们似乎能同时做很多事情。身处压力之中时，女人会同时考虑很多事情。

> 当考虑到某个需求时，男人会闷闷不乐或发牢骚，

Chapter 03　男人习惯隐藏情感，女人喜欢到处倾诉

但这只是暂时现象。

就像男人将女人的倾诉当成抱怨一样，女人也将男人的这种闷闷不乐或发牢骚当成对她们需求的抵制。实际上，男人的牢骚和女人的牢骚有着很大的区别。当女人拒绝做某事并牢骚不休时，她们就会渐渐地开始怨恨起来。在金星上，如果你要求别人做某事而对方又对你发牢骚，这就意味着对方拒绝了你的要求。如果意识到男人和女人的牢骚的差异，男人和女人就能更好地相互理解和支持。

女人面对男人发牢骚时的四种反应

当女人提出要求后,如果男人发牢骚,女人就会错误地认为男人不愿意满足她们的需求,然后以一种消极的态度去与男人抗衡,要么放弃自己的需求,要么捍卫自己的需求,要么进一步描述需求的重要性,要么直接进行命令。很显然,女人的这些表现只会增加男人的抵触情绪,并最终导致男人对其有所怨恨。现在,让我们一起来详细地探讨女人面对男人发牢骚时的四种反应。

放弃自己的需求

针对男人的牢骚,为了避免男人的怨恨,女人通常会放弃她们的需求,她们会这样说:"还是算了吧,不麻烦你了,我自己来做吧。"

这只会让男人感到更加沮丧。在男人考虑女人的需求,甚至对女人的需求发牢骚时,女人不能放弃。男人发牢骚的真实含义其实是:"我会为你去做这件事,但我正在做别的事情。我希望你真的能感谢我为你所做的改变。"如果女人对男人有一种开放和感激的态度，男人的牢骚就会消失，并且他们下次还会帮女人更多的忙。

就像女人希望通过向别人倾诉来获得理解一样，男人也会通过发牢骚来向女人表示他们也需要女人的一丝感谢。

当一个男人发牢骚时，女人啊，请不要放弃你们的需求，请让他一次发个够，你们要把他的牢骚当成好的信号。当一个男人发牢骚时，女人应该认真倾听，并对他愿意满足自己的需求表示感谢。女人的感激之情能使男人的牢骚迅速消失。女人要避免使用与下述话语类似的表述来放弃自己的需求。

1．"你真的没必要去做这件事情，我自己来做就好了。"

2．"或许我对你提的要求太多了，你不必去做，我自己来就好了。"

3．"很抱歉，我真不知道这会为你带来麻烦。我自己能做。"

4．"这没什么大不了的，我自己做就好了。"

5．"很抱歉打扰你了，我自己来做吧。"

捍卫自己的需求

有时女人不会放弃，而会捍卫自己的需求。这种做法只会增加男人的抵触情绪。他们会感到自己被人操纵了。这样一来，他们不仅不会放弃抵制情绪，而且还会对女人产生怨恨。

为了避免增加男人的抵触情绪，女人需要尽可能用少量的词语来表达自己的需求，不要用一种捍卫权利的语气来和男人说话。女人要避免使用与下述话语类似的表述来捍卫自己的需求。

1."你之前就说过你要做这件事的,可是我已经等了3天了。"

2."我的要求并不过分。"

3."这是你工作的一部分,是你的职责所在。"

4."我们现在真的已经落后了,现在就必须把这件事做好。"

5."我现在要回 10 个电话,还要去银行存钱,还要更新库存数据。你能为我做这件事吗?"

描述需求的重要性

有时女人为了捍卫自己的需求并获得男人的帮助,她们会详细地描述问题的严重性和需求的重要性。这在金星上很管用,但对火星人来说却起了反作用。女人不知道的是,她们说的话越多,就越容易引起男人对她们的反感。女人或许会认为自己一直在激励男人,但实际上她们让他们感到更沮丧了。如果女人能更多地对男人表示他们的帮助是如何有用,她们的话语就能更好地激励男人满足她们的需求。

如果女人提出需求后,男人发了牢骚,女人应该保持沉默。这是因为,发牢骚的过程是男人放弃抵触情绪的过程。女人要避免使用与下述话语类似的表述来描述需求的重要性。

1."我真的不知道怎么做,我不知道我自己在做什么……"

2."我有很多事情要做,我有 20 件事情还没做,我一个人真的应付不过来。我需要你帮忙……"

3."我知道你现在很忙,但这件事情现在就得完成。我们明天就要做汇报,但现在我们甚至不知道……"

4."如果不把这件事做完,我们将失去这个客户。我已经向他们承诺过我们要……"

5."我们应该这样做,因为其他计划都失败了,我和上司讨论过了,他们要这样做。他们认为……"

直接命令男人

当女人认为男人不愿意支持她们而她们认为他们应该这么做时,她们对他们的牢骚通常会以命令的形式进行回应。遗憾的是,这种方式只会让男人变得更具有防卫性。女人要避免使用与下述话语类似的表述来表达自己的意思。

1."你必须这样做。"

2."我才不管你忙不忙,你现在必须去做。"

3."我才不信,你应该……"

4."我要你以这个为重点,你的工作就是……"

5."你没有在听我说话,我要你……"

请记住男女牢骚的不同之处

如果注意到男人和女人在牢骚方面的这些差异，男人和女人就会懂得如何应对对方的牢骚，并且都会从中受益。男人还应注意到，当女人发牢骚时，她们就是在释放压力和需要帮助的信号。

> 当女人发牢骚时，她们就是在释放压力和需要帮助的信号。

在金星上，不断地向他人提出帮助的请求是一种很不礼貌的行为。通常，女人要么放弃自己的需求，要么详细地描述问题的重要性。而不了解女人这种特性的男人通常会不断地将自己的需求向前推进，并最终促使女人答应他们的需求。遗憾的是，就算女人答应了男人的需求，之后她们还是会去怨恨他们。而这一点很多男人并不了解。

男人通常会错误地认为，只要女人答应了自己的需求，自己也感激了她所做的努力，女人之后就不会对他们有消极情绪。

Chapter 03　男人习惯隐藏情感，女人喜欢到处倾诉

这不是事实。仅仅感激女人的努力是不够的。女人需要你让她们体会到你真的很了解她们，知道她们在工作繁忙的时候还为你提供了帮助。通过认识男人和女人在牢骚方面的不同之处，男人就能以一种更为尊重的态度去应对女人的牢骚。

用客观陈述代替情绪化表达

女人天生就会用情绪来表达自己的感情。"看，我真的遇到大麻烦了。我需要你的关照。"这是女人的说话方式。她们往往偏重于表达自己的情感，而不是事实。

女人利用消极情感来表达自己的抱怨，这往往会削弱女性的个人形象，还会使得别人认为她们无能。如果女人需要在公众面前表现出自己的强势，她们就需要将情绪去掉。如果不这样做，女人就很难得到她们应得的尊重。

如果女人的确需要表达自己抱怨，她们就应该采用一种男人尊重的方式。请记住，这一点很重要。直截了当地表达自己的情感是得不到别人的尊重的，但客观陈述可以。女人不要在心烦意乱时去抱怨，这不是良好时机。如果女人希望赢得尊重，她们首先就需要将自己的情绪放到一边，然后以一种轻松和客观的态度去表达。请看下面的例子。

有些情绪和情感是可以表露出来的，只要她们以

Chapter 03　男人习惯隐藏情感，女人喜欢到处倾诉

一种客观的方式去表达。

1. 她说："真不敢相信每个人都以这样的方式对待我。"

这个表达太宽泛了，也不客观。其实，她可以这样说："我告诉过他我们没有那个文件，但他就是不听，还向我抱怨了足足 20 分钟。我认真地听着他的抱怨，并请他用书面形式把他的不满写下来，然后交给我。"

2. 她说："他不尊重我，也不尊重我的需求。"

听到这句话的人恐怕第一反应会是："你的需求是什么呢？"这样说的效果会更好："我请他听我先讲两分钟，他还是比较坚持自己的意见，一直在强调自己的观点。"

3. 她说："我没法做我计划做的事情。"

借口只能使女人看起来无能和软弱。在这种情况下，她应该这样说："我是 8 点半准时到的。我到时，门是锁着的。于是，我想办法求助，可惜能解决问题的人所在的位置都离这里比较远。两个小时后，门终于被打开了。这时，我才能进入办公区开始工作。"这样的说法非常准确和实际。

4. 她说："我没法和他合作共事。"

这种说话方式使得女人看起来更难以合作。当女人质疑一种解决方案时，她最好自己能提供一种解决方案。遇到这种情况时，她应该这样说："他来到我的办公室后，就开始不停地问我问题。当我告诉他我稍后回答他所有问题时，他却告诉我，我要么按照他说的去做，要么就做好被炒鱿鱼的准备。我

想,他应该知道我的工作职责,并且他应该还知道他不是我的老板。"

5. 她说:"我想他不胜任这份工作。"

请不要说得这么宽泛,而要具体些。他在哪方面不胜任呢?应该举出例子。比如,"在过去 6 周里,我 3 次请他将损益报表拿给我,可是到现在我什么都没收到。他一直说他很忙,并说会尽力给我的。我想,他没有时间或动力来做这个新的项目。我想,我能做。我之前就做过类似的工作,我有信心能把这个工作做得很好。"

6. 她说:"他从不愿意听我说话,从他那里我什么反馈都得不到。"

这种说法很明显掺杂着一定的情绪,这会增加男人的防御心理,并且男人可能还会这样想:如果你以现在这样的方式和我说话,我也不愿意听你的。情绪化的表达方式不会让你赢得男人的共鸣,只会让别人认为你无能。记住,当你想表达自己的抱怨时,请将你的个人情绪放在家中锁好。

Chapter 03　男人习惯隐藏情感，女人喜欢到处倾诉

女人要尽量少用反问句

通过反问句来表达自己的消极情绪，是损坏女性形象的一个重要因素。女人或许还没注意到这一点。对于女人来说，这种表达方式再正常不过了；但对男人来说，这种表达方式显得十分具有攻击性，很不专业。在金星上，女人用这种方式来表达自己的消极情绪能得到其他人的帮助和支持；在火星上，情况则大不相同。

反问句并不是要去寻求答案，而是暗含着其他意思。在火星上，反问句带有偏见；在金星上，反问句则是女人传递感情信息的常用方式。

"你怎么就忘记了呢？"这种表达从表面上看没有什么不妥，但如果它带有愤怒或指责的感情色彩，就具有很大的杀伤力了。当女人用这种反问句时，男人会认为女人在说"为你感到可耻"。在火星上，这样的问句传递着优越、判断的意味，在某种程度上还意味着对方撒谎、无能或无效。尽管女人在提出这种问题时也许没有这样的意思，但男人会往这方面去想。

> 当女人用这种反问句时，男人会认为女人在说"为你感到可耻"。

在大多数情况下，女人会将这种反问句当作一种信号传递自己的不满，但她们还没有对引起自己不满的行为做出判断。女人不会像男人那样迅速地做出判断，在得出结论之前，她们通常会进行理解和思考。可是男人通常不知道这种差异，他们通常在表达消极情感之前就做出了判断。这种判断也不是都和个人联系在一起。当男人说某事很愚蠢时，他们并不是说做这件事的人很愚蠢。

当女人说出这种反问句时，男人会认为女人已经不公平地做出了判断，并且还针对他们个人。男人更容易接受女人说话直接和客观些，如"这很愚蠢""这毫无意义"或"我真的不喜欢这样"。

当女性客户、经理或同事用反问句表达自己的失望和不满时，男人啊，请注意，她们并不是在攻击你们，也没有对你们做出判断。反问句意味着她们没有形成自己的观点，也没有做出判断。反问句其实是一个良好的信号，代表着她们仍然在以一种开放的态度来理解和观察事情。

一般来说，女人就是需要多说话来减轻她们的不安和愤怒的。她们的愤怒不像刻在石头上的线条一样永久，而是像沙滩上的线条一样迅速消失。如果女人能感受到男人在倾听她们的

Chapter 03 男人习惯隐藏情感，女人喜欢到处倾诉

话语，她们的愤怒就会很快消散；如果男人不予理会并且还为自己辩护，女人就会进行反击。渐渐地，沙滩上的线条就会变成石头上的线条。

> 如果女人能感受到男人在倾听她们的话语，她们的消极情绪就会很快消失。

这种意识能帮助男人以一种更为积极的态度去理解女人的反问句，但如果女人希望她们的男性经理、同事或客户一直都能理解她们，这也不太现实。如果他们能够理解，她们就很幸运，但大多数情况下女人需要处处小心，警惕被别人误解。她们如果真的无意中冒犯了别人，就应该说一些简单的道歉性的话。比如，"抱歉，我不是那个意思，我对你没有不满。"

现在，让我们一起来探讨一些关于反问句的问题。记住，如果这些问句是用一种友善、平和的语气说出来的，它们就不是我们要讨论的反问句。当你在这些句子中加入沮丧、愤怒、失望、着急或迫切等感情色彩时，这些反问句对火星人来说就具有冒犯性。为了更好地体会这些问题，请试想你正处于沮丧、失望或焦虑之中。表3-1中第一列的这些句子都可以用男人能接受的方式来替换。

·049·

表3-1　反问句与男人能接受的表达方式

反问句	男人会这样理解	女人可以这样说
你怎么能做这样的事?	你真无能。	我不喜欢……
你怎么会解决不了这个问题?	你需要我的建议,你自己解决不了。	这对我行不通,我要……
你怎么会这么想呢?	你真笨。	这对我没有意义,我想……
难道你不明白这样做的结果?	你办事没效率。	真浪费时间,我们应该……
你到底是什么意思啊?	你不诚实,不值得信任。	我不会这个,这对我来说……
难道你不该开始做这件事了吗?	你不负责任,我不能依靠你。	我真的希望这事儿能快点儿发生。
难道不该认真做好这件事吗?	这都是你的错。	真荒唐,我们应该……
你说我现在应该怎么做呢?	你为我制造了大麻烦。	我无能为力,希望你能帮我……
难道你不知道该怎么做吗?	你或许不能完成任务。	这个任务很艰巨,我们需要……
难道你还没准备好吗?	你还没准备好。	这是个很大的挑战,如果你需要我帮忙,我随叫随到。
难道你不记得了吗?	你或许已经忘了,我不能依靠你。	你本不应该忘记的。他们希望我们……
怎么会发生这样的事?	没理由发生这事儿,你做得不好。	这本不应该发生的,我想……

Chapter 03　男人习惯隐藏情感，女人喜欢到处倾诉

男人有时也会使用这种反问句。不同的是，在火星上，反问句是用来攻击对方的，带有贬义并有损人格。看了表3-1中的这些例子后，女人至少会明白为什么当她们用反问句时男人会感到受到了攻击，尽管这不是女人的本意。

男人要避免质询和盘问

就像女人会无意识地用反问句来损坏自身形象一样，男人也会错误地用质询和盘问来破坏女人对他们提供的关心和支持的理解。在火星上，男人的观点明确和直截了当，能给人留下深刻的印象；但在金星上，男人带有情绪化的质询和盘问也会让女人感到自己被攻击了。女人不知道男人和她们的区别。当男人不断地向女人索取答案时，女人会感觉自己像犯人一样被审问，或者感觉自己做错了什么。

男人的思维和女人的不一样。当男人向这个方向思考时，女人可能会向反方向思考。当男人愤怒时，他们会做出负面的判断。然而，这种判断只是一个选择，并不一定是在针对女人。事实上，当男人提出问题时，这意味着他们还有可能改变主意，他们只是为自己的进一步判断收集信息。

> 当男人提出问题时，这意味着他们还有可能改变主意。

Chapter 03　男人习惯隐藏情感，女人喜欢到处倾诉

当女人用反问句时，她们不希望从男人那里得到回应，只希望男人更有耐心地去倾听。当男人在质询和盘问时，即便这种盘问带有一定的冒犯，他们也还是希望得到答案。在听到女人的答案后，他们仍有可能对自己的判断做出修正。他们对自己的观点充满信心，并不意味着他们在下一秒不会改变。

遗憾的是，女人并不知道这一点，她们不知道男人在听取她们的答案和获得更多的信息后可能会迅速改变。女人天生就不理解男人的这种思维模式。她们在做出判断前本能地都会收集更多的信息，在做出判断后一般不会迅速地做出改变。男人愤怒并提出问题，在火星上这是一个很好的迹象。这意味着他们现在还处于开放状态并愿意做出改变——就像大声吼叫并摇着尾巴的狗一样。

> 在火星上，男人愤怒并提出问题，是一个很好的迹象。

一个男人不会被另一个男人的询问威胁，相反，他们急切地等待机会来为自己做辩护。他们本能地会意识到其他男人询问的目的，能看到"摇着尾巴"的一面，女人却不会这样。当男人询问时，她们看到的全是"凶狠的牙齿"。

这里最主要的区别是女人需要讨论才能使自己感觉更好，男人则仅需要解决问题的方法。如果男人能得到他们所要的答案，他们就会立即变得友善和注意力集中，并且他们的消极情

绪也会立即消失。

现在，女人应该能知道在得到答案后男人的愤怒很快就会消失了吧？当男人问问题时，女人就有机会和时间来为自己辩护，男人也需要女人的自我辩护。这种辩护在金星上是具有冒犯性的，在火星上却是受尊重的。当男人愤怒地提出问题时，女人不应该做忠实的倾听者，而应该积极地以一种友善的态度为自己辩护。

如果女人能冷静地为自己辩护，男人便会自动变得更加冷静、放松和客观，还可能对女人持支持态度。当男人开始情绪化时，他们需要更多的理由来使自己重新放松和客观起来。女人对男人的询问做出合理的回应，会让他们变得更加满意，并表现出更多的支持态度。

> 如果女人能冷静地为自己辩护，男人便会自动变得更加冷静，还可能对女人持支持态度。

在争论当中，如果男人变得情绪化，聪明的女人就会花时间来认真回答男人的问题。如果女人能客观地回答男人的问题，男人就会立即冷静下来，他们在生气或沮丧时不会意识到自己的问题多么不友善。当男人极力地想为问题寻找答案时，女人感觉就像在被审问。为了避免这种情况，男人需要控制自己的情绪，多考虑女人的感受。请看表3-2中的例子，这些例子能让男人更容易获得女人的信任和支持。

表 3-2 能让男人更容易获得女人的信任和支持的表达

男人生气时的提问	女人会这样理解	男人应该这样说
你准备怎样处理这事?	你不负责,没考虑我的需求。	你能帮我更好地理解你的计划吗?
你怎么还没做完?	我期望你做得更好。	告诉我发生什么事了,我能帮你做什么吗?
你在想什么呢?	你是个笨蛋。	请告诉我你是怎么想的。
你准备什么时候把事情做完?	你太慢了,你一直都这样。	让我们一起来看看你的计划。我能为你做些什么吗?
你为什么要这样做?	你真是无能。	请告诉我你的想法,好吗?
你怎么就不打电话?	你应该打电话的,都是你惹的事。	我能帮你做什么吗?请告诉我发生什么事了。
你计划怎样做这件事情?	你真不专业,什么计划都没有。	我们一起来谈谈你的计划以便解决这个问题,希望我能帮你做些什么。

Chapter 04

男人爱给解决方案，女人喜欢提供建议

在职场中，女人对男人最常见的抱怨就是在她们说话时，男人不肯耐心倾听。她们竭力表达内心的感受，但他们要么满不在乎，漠然置之；要么简单地听后，马上指出她们的困惑或纠结的原因，就像女人是出了问题的机器，需要他们修理似的。就这样，他们骄傲地为自己戴上"修理先生"的帽子，煞有介事地向女人宣布："你的问题，可以这样解决……"

在职场中，男人这种不愿意倾听的态度会使男女双方产生隔阂。男人或许会认为他们这样做是在树立高效工作的榜样，但他们错了，他们的做法实际上起了相反的作用。在销售领域，男人甚至没有意识到他们的没耐心造成了多少女性客户的流失。

在职场中，对于女人，男人抱怨得最多的是她们问的问题实在太多，总是变幻莫测。当女人想要一些已经很好的事情变得更好时，男人就会变得沮丧起来。男人沮丧是因为女人总是要求男人改进一些在他们看来已经不需要变化的事情。当女人全身心地投入工作中时，她们金星人的本性就开始流露出来：她们总是追求完美，总是努力将公司建成一个"职场改造委员会"。通常，她们首先要改造的目标便是她们的男性经理、同事或员工。

由于对男人的不了解，女人通常会向男人提供一些自己认为有用的建议，这就像男人向女人提供自己认为有用的解决方

Chapter 04 男人爱给解决方案，女人喜欢提供建议

案一样。这样，男人就会认为女人不够关心自己，她们看起来似乎总是在制造麻烦。

> 男女彼此间所犯的最大错误是：男人向女人提供解决方案，女人向男人提供建议。

如果女人能了解男人提供解决方案的目的是解决问题，男人能理解女人提供问题和提出建议的目的是改善和促进工作，男人和女人所犯的这两个错误就都能得到改正。让我们重新来探讨一些远古时代火星人和金星人的生活原貌。尽管现在的男人和女人与远古时候的男女相比已经发生了很大的变化，但毕竟还保留着很多相似之处。对远古时代火星人和金星人生活方式的探讨，能帮助我们更好地了解当今在地球上共同生活的火星人和金星人之间的差异。

火星人的生活方式

通常来说，火星人重视力量、能力、效率和成就。火星人会千方百计地证明他们的价值，不断地积蓄力量，培养技能，练十八般"武艺"。他们的人生态度与成功密切相关，这可以为他们带来很大的成就感。渴望胜利、追求事业成了火星人的价值观核心。

> 一个男人的自我意识在很大程度上取决于他完成任务的能力。

火星上的一切都是火星人价值观的反应。火星人一般通过穿着打扮来体现他们的技能和能力。

他们不会像金星人那样对某些杂志、书报感兴趣。火星人热衷于各种室外运动，如打猎、钓鱼，喜欢谈论新闻或天气。他们也很少关心生活方式和艺术。

比起人和人的情感，他们对那些能帮助他们获得成功的实物更感兴趣。今天，我们在地球上常见的情形是：女人渴

Chapter 04　男人爱给解决方案，女人喜欢提供建议

望浪漫，男人痴迷跑车、电脑和各种新兴科技。男人更关注如何展示他们的力量、他们的强大。

> 在火星上，成就和效率远比个人感情重要。

火星人通常为自己独立获得的成就而感到骄傲。独立是效率、力量和能力的象征。在火星上，个人成就十分重要，因为火星人能通过个人成就来证明自己的能力，并且火星人的个人成就能为其获得更大的成功带来机遇。在火星上，他们经常通过各种方式来展示和推销自己的能力，如何被别人认同对他们来说很重要。金星人却不这样，她们很少展示和推销自己的个人能力。这样，火星人就会错误地认为金星人没有展示自己能力的资本。谦逊的品质在火星上是不受欢迎的。

> 如果金星人不展示和推销自己的个人能力，火星人就会错误地认为金星人没有展示自己能力的资本。

在火星上，如果没有伯乐，千里马就毫无存在的意义，男人的能力只有在获得认可时才有价值。男人的成功全靠对自我能力的营销。知道了男人的这个特点，女人就会理解男人不愿意被"改造"、被"纠正"的原因。在火星上，向他人冒昧地提供建议是对他人的侮辱，特别是在众人面前这样做。如果这样，男人就会想：他认为我不能独立完成任务，认为我无能。如果

在工作场所，女人觉得有必要向男人提供建议，那么请记住，最好在私下里和男人进行交流，这样会取得更好的效果，还会使得男人不失体面。

> 未经男人的请求就擅自向他提供建议，相当于告诉男人："你不知道该怎么做。"或者是："你没有独立解决问题的能力。"

男人渴望独立解决问题，他们很少当着女人的面，一板一眼地谈论问题。除非需要某些专业指导或非得有人帮助不可，不然他们是不会向女人求助的。男人的理由是：既然我自己能把事情做好，为什么还要别人参与其中？他们把问题藏在心里，不愿在女人面前显露出来，只有在需要帮助时，才会说出内心的困惑和沮丧。在男人看来，如果可以独立做好，却要别人插手，这是软弱和无能的表现。

即使男人真的需要帮助，他们也会通过艺术的手段去获得帮助。他们会找那些自己尊重的人来倾诉内心的纠结之处。在火星上，如果公开地讨论问题，就意味着男人不能独立解决问题，也是在向别人释放需要帮助的信号。现在女人可以理解了：当她们在讨论问题时，男人之所以会主动地提出解决方案，是因为他们在火星上就是这样做的，这就是他们的本能反应。

> 在火星上，如果男人公开讨论问题，他们就是在

Chapter 04　男人爱给解决方案，女人喜欢提供建议

向别人释放需要帮助的信号。

当女人谈论问题时，男人会错误地认为女人是在寻求解决问题的办法。其实，他们错了，女人真正需要的是：男人倾听并理解她们即将提出的建议。如果女人真的是向男人请教，男人也应该等女人结束谈话后再提出自己的建议，这样女人就会真正地认为男人已经理解了她们说话的目的，并对他们报以信任。

的确，男人希望自己的才能被派上用场，价值得到体现，可是现实却与他们的期待相反：男人忙碌了半天，女人却仍不领情，仍然感到沮丧、悲观和苦恼不止。

在金星上，谈论问题并不是在释放需要帮助的信号。

当女人开始讨论问题时，男人大多数情况下都不知道女人的真实意图：她们想先要男人仔细地倾听，然后再问她们自己的见解。大部分男性经理、同事和员工都会错误地认为：当女人谈论问题时，她们就是在释放需要帮助的信号。

男人真的不知道，大多数情况下，女人向他们倾诉不是为了获得他们的建议和解决方案。女性经理、同事、员工或客户不希望男人在她们面前指手画脚。相反，她们是为了让男人仔细倾听自己的倾诉，然后从男人那里获得对决定的支持。在谈

·063·

论问题后,女人或许会问男人一些问题,或许会要求男人问她们一些问题以便帮助她们做出决定。为了获得女人的信任,与女人建立友好关系,男人就应该做忠实的倾听者,去多问问题。如果有需要,再为女人提供解决方案。

Chapter 04 男人爱给解决方案，女人喜欢提供建议

金星人的生活方式

在金星上，人们更多地谈论问题的本身，享受谈论的过程，而不是急于寻找答案。和火星人相比，金星人有不同的价值观。她们重视沟通和交流，体验其间的快乐和美感。金星上的一切都是这种价值观的体现。金星人会花相当多的时间来获得彼此的支持和帮助。在金星上，自我价值的实现更多地来自情感的满足，也来自高质量的人际关系。金星人喜欢分享和共鸣，以便获得无尽的宽慰。

> 对女人而言，她们自我价值的实现和提升，更多来自情感的满足和人际关系的质量。

金星人在工作时，更注重和谐、交流和相互支持。和火星人相比，她们对个人成就的关注要少些，而更关注人际关系。改善工作中的环境质量是她们的首要目标。在很多方面，她们的世界和火星人的世界迥然不同。

金星人喜欢每天变换不同的服装，而且她们的着装会随感

觉而变，依潮流而变。服装体现出她们情感的表达、情绪的变化，即使每天她们数易其装，你也不用大惊小怪。

除了注重个人表达之外，金星人还注重相互支持。外出时，火星人会带小而实用的钱包，金星人则相反，她们会带一个大大的钱包或手提包备用。

在金星上，交流和沟通占据了首要地位。她们会确保每个人都有机会发言，每个人都有机会被人倾听，而并不急于寻找问题的答案。在金星上，效率是通过和谐的人际关系来实现的，谈论成就和问题是她们获得彼此的支持和信任的主要方式。

> 在金星上，女人更注重交流和沟通。

对于火星人来说，他们无法理解女人的这种做法。男性经理通常会这样认为：女性员工应该知道她们一直都在被支持着，因为她们的薪水很高，并且她们还有很多机会获得更多的薪水。但他们又错了，女人很多时候更加注重从工作中获得的支持的质量。男性销售人员或许不知道：吸引女性客户的不仅是价格，更是沟通和交流的质量。如果你向女人展示你的关怀，有时不用降低价格就能获得她们的支持。男人很难理解这一点。他们利用自己在火星上的经验来和女人打交道，其实这样只会起反作用。在金星上，女人更注重个人情感。

当两个男人在午餐中谈论某个项目或生意时，他们通常会

Chapter 04 男人爱给解决方案，女人喜欢提供建议

直入主题，而不会寒暄不休。效率和竞争力是男人追求的目标，关怀、共鸣则是女人的首选。

> 女人更加注重善意、关怀和共鸣。

现在，越来越多的男人意识到这种嘘寒问暖的方式能促进工作的进展。有时，男人在打高尔夫时进行的一些谈话就能更好地促进双方的合作。嘘寒问暖式的谈话是个人的、开放式的、随意的，古板正经的谈话则是非个人的、更直接的和直奔主题的。

> 男人在打高尔夫时的谈话有助于更好地促进双方的合作。

在金星上，几乎所有人都研究过心理学。她们喜欢为他人提供心理辅导，也乐于请对方充当心理医生。在金星上，喊别人的名字来打招呼、向他人赠送贺卡都能体现自己对别人的关怀，能增进工作中彼此的信任感。

金星人的直觉能力格外突出。别人的遭遇和感受很容易引起金星人的共鸣。金星人信奉：你的事就是我的事，你的感受就是我的感受。她们很会察言观色，这使得她们显得格外自豪。

> 在金星上，关怀就等于愿意主动提供帮助。

对金星人来说，在工作中证明自己的能力也许并不是最重要的，主动提供帮助并不是冒犯，需要帮助并不是软弱无能。火星人却不这样想，如果金星人擅自给他们建议，他们就会觉得金星人不信任他们，认为他们无法独立完成某事。这样，他们觉得自己的尊严受到了侵犯。

男人为什么会这样敏感？女人对此愤愤不平！对于女人来说，要是有人主动提供帮助，她们正求之不得呢！她们的工作质量得到了提高，这就像在女人绚丽的帽子上多插了一根美丽的羽毛。因为她们感受到的是重视和关怀。即使女人不需要这种帮助，她们也会感到宽慰。但男人却不这样认为。

> 在火星上，冒昧的帮助会适得其反。

金星人始终坚信：当某事好起来时，它会变得更好。抱着这样的心态，金星人不断追求完美，精益求精，所以她们总试图去改造。但在火星上，如果某事已经好转，他们就不会再做改变，这是他们的座右铭。

火星人通常的想法是：只要没坏，就不用去修理它。金星人的想法则相反，她们总想使事情变得更好。如果有人试图改变，那就意味着事情正在向不好的方向发展。尽管金星人的本意不是如此，她们只是在表达关心，火星人却认为她们是在批评和制造麻烦。

"修理先生"和"职场改造委员会成员"可以和谐共处

当然,我的意思不是说在任何时候,修理也好,改造也罢,它们都是错误的做法、荒谬的选择。在特定的情况下,它们也可以成为积极的推动力,关键是使用的时间和方式。如果使用不当,好事也会变成坏事。

> 在合适的时间和环境下,做出一些积极的改变,男女双方都会受益。

如果女人能在合适的时间和环境下向男人提供建议,男人就会变得更加友善,愿意倾听。同样,如果男人能在女人说话时尽量做忠实的听众,他们就会赢得女人的信任和尊重。这样,男女双方都会从中受益。

不要强行向女人灌输解决方案

男人应该牢记"女人来自金星"这个事实。这样,男人才能真正理解女人说话的真实意图。男人千万不要这样想:当女人在谈论问题时,她们立即就需要解决方案。实际上,女人讨论问题只是希望得到自己做出决定需要的帮助。男人千万不要认为女人迫切地需要帮助是有损人格的行为。要想赢得女人的尊重,男人就要做忠实的听众。

向女人提供那些她们不需要的解决方案,只会让男人四处碰壁。这只会让女人觉得你不尊重她们或不关心她们的真正需求。请看下面的例子。

一个女人正在为办公室里的打印机感到沮丧,男人错误地认为女人需要帮助。男人这样做在火星上有用,但在金星上就容易适得其反。那么,当女人说"这台打印机真糟糕,经常坏,真不知道什么时候才能正常起来"时,男人给出怎样的回答才是合适的呢?表4-1展示了针对打印机问题,在火星和金星上管用的话。

Chapter 04 男人爱给解决方案，女人喜欢提供建议

表 4-1 针对打印机问题，在火星和金星上管用的话

在火星上管用的话	在金星上管用的话
别着急，我告诉你怎么做。	你想我们应该怎么做呢？
没多大的事儿，二楼还有一个。	真的吗？这经常发生吗？
告诉修理工，让他修就好了。	修理工能过来修吗？
你是什么意思？	真倒霉。
现在我没时间管这些。	我知道，我也遇到了同样的问题。
好的，我过会儿就去帮你修。	如果你需要我帮忙的话，请随时告诉我。
你还有其他的事情吗？	本周我也很倒霉，我的手机还坏了。
把纸放在我桌子上，我来为你打印。	你需要我帮忙吗？

在上面的这些例子中，对于来自金星的女人起作用的是：帮助、共鸣、关怀或问问题，而不是解决方案。男人如果迅速向女人提出解决方案，就会被泼冷水；如果多问一些问题或更有耐心地去倾听，就会获得女人的支持和信任。

不要告诉男人应该去做什么

就像男人会在女人不需要的时候提出自己的见解一样,女人也会在男人不愿接受的情况下提出自己的建议。男人抵制女人的冒昧建议,是因为他们不需要她们的帮助。除非男人释放出强烈的求助信号,否则女人不需要向男人提出自己的建议。女人最好让男人自己去做事情。如果女人忘记了"男人来自火星"这个事实,她们在工作中就会跟男人产生隔阂和不悦。下面的故事正好阐明了这一点。

> 除非男人释放出强烈的求助信号,否则女人最好让男人独立去做事情,不要给男人任何建议。

特丽莎注意到她的男同事杰克逊最近压力很大,每天都拼命地赶工期。为了向他表示自己对他的关心,她走进他的办公室,并向他善意地提供了支持和帮助。她的初衷很美好,可她却被杰克逊泼了冷水,最终双方不欢而散。

很明显,杰克逊不想被人打扰,他发牢骚就是在间接地向

Chapter 04 男人爱给解决方案，女人喜欢提供建议

特丽莎表示他的不悦。可是特丽莎却错误地认为杰克逊的牢骚是在向她释放求助的信号。

她对他善意地说："你的桌面真是乱七八糟，真不知道你怎么能在这样的环境中工作。如果你将桌面清理一下，你的思维或许就会更加清晰些。"

这种说话方式对女人或许能起作用，但对男人来说，这是对他们的侮辱。特丽莎的本意是：我相信你能按时完成工作，我也能体会到你的难处，我对你说的这些或许能为你提供帮助。杰克逊却会这样认为：我不相信你能按时完成任务，我比你更了解应该如何按时完成任务。你真没用。你如果采纳我的建议，就会变得更加成功。

由于缺乏对男人生活习性的了解，特丽莎的好意引起了杰克逊的反感，他认为她是在怀疑他独立完成任务的能力。除非被请求，否则男人很少主动提出自己的建议。

在知道"男人来自火星"这个事实后，特丽莎开始明白自己被泼冷水的原因了。在火星上，强行提供建议是一件很不礼貌的事情。男人不喜欢被别人牵着鼻子走，他们喜欢特立独行。在做到只在合适的时间和地点给男人建议后，特丽莎渐渐地赢得了男同事的信任和尊重。

最好不要试图改变男人

职场中有这样两种男人，一种是：当女人试图改变他们时，他们会发牢骚、闷闷不乐或固执己见；另一种是：表面上笑呵呵地答应改变，但转身就把这事儿忘得一干二净，之后又重蹈覆辙。他们要么积极要么消极地做出反抗。他们会有意无意地重复那些让人不能接受的行为。在他们看来，女人就是在无事生非、无理取闹。一旦男人持有这样的看法，女人就会感到愤怒，感到自己不被信任。因此，女人如果想和男人和谐相处，就最好不要试图去改变男人。表4-2中的例子或许对女人会有所帮助。

表4-2 女人要和男人和谐相处需要注意的事项

女人需要记住的	女人需要做的或不能做的
当男人烦恼时，不要问他们太多问题，否则他们会认为你在试图改变他们。	除非男人想主动和你说话，不然别招惹他们。如果你问"怎么啦"，男人说"没事儿"，请不要再继续你的问题。

Chapter 04　男人爱给解决方案，女人喜欢提供建议

（续表）

女人需要记住的	女人需要做的或不能做的
当你未经许可向男人提供建议时，男人会认为你不信任他们，质疑他们独立完成任务的能力。	请相信男人独立解决问题的能力。如果真的需要帮助，他们就会主动向你请教。如果你感觉没必要向男人提供帮助，他们倒可能会向你寻求帮助。
当男人对你的需求产生抵触时，他们可能会短暂地发发牢骚，但这并不意味着因为你提出了需求，他们就对你产生了怨恨。	提出需求后，请保持沉默。不要去计较男人的牢骚。
如果你试图改变男人，男人不仅不会在压力下做出改变，还会对你产生抵触。	请直接地说出你的需求。如果男人拒绝，请继续提。男人喜欢直接的方式。
如果你能接受男人和你的差异，男人就能更好地了解你。	不要总是去教导或纠正男人。
男人在公众面前需要面子。	不要在大庭广众之下去纠正男人，这样说的效果更好："没问题"或"这没多大点事儿"。

·075·

女人缓解冒昧建议带来紧张气氛的六大招数

在职场中，女人如果未经许可就向男人提出建议，可能就将四处碰壁；如果在公众面前保全了男人的面子，就将得到对方的尊重。有时，出于工作需要，女人需要向男人提供一些建议。遗憾的是，有时女人提建议的时机和场合不对，会显得非常冒昧。那么，当女人不小心提出冒昧的建议后，她们该怎样做才能缓解大家之间的紧张气氛呢？不妨使用下面的这些招数。

1. 直接的需求通常比建议或劝告更容易让男人接受。

你不应该这样说："等办完事之后，你应该清理一下过滤器。"而应该这样说："等你办完事之后，能清理一下过滤器吗？"或者："当你办完事之后，请清理一下过滤器。"

2. 当你提出需求时，"请"比"可以吗"更为直接。

"请"包含着信任，意味着你相信他能满足你的需求。"你能帮我看看这个吗"没有"帮我看看这个，谢啦"更直接。

3. 请运用最简练的词语陈述最简单的事实。

如："油漆还没干。"男人不需要有人特意去叫他们小心些或将手从墙上拿开。

4. 别假设男人不知道你知道的东西。

你不应该这样说："别着急，飞机每次都会晚点。"而应该这样说："我不着急，每次我到机场时，飞机都会晚点。"

5. 别假设男人需要你的帮助。

如客观地陈述"文件在最下面一个抽屉里"这一事实，而不带"提醒你一下"等含有帮忙意味的表述"提醒你一下，文件在最下面的抽屉里放着。"

6. 别假设男人正在向你寻求建议。

请用一种轻松的方式说出你的想法："我想……我们没有任何义务来完成这份报告。"

下面这些例子也很实用，请仔细看。

1. "我有个建议，我想或许它会管用……"
2. "如果你想知道我的想法……"
3. "你或许已经知道这事儿了，但……"
4. "你或许已经考虑到这一点了，但……"
5. "我知道你不需要我的帮助，但为了保险起见……"
6. "你能试试……吗？"
7. "如果你需要帮助的话，请随时电话联系我。"
8. "就算帮个忙，你能……吗？"
9. "邮局再过10分钟就关门了，你能……吗？"
10. "如果你问我的话，我要说……"

作为对男人进一步了解的练习，女性读者们不妨试试以上这些让男人不伤面子的句子。男性读者们则可以通过这些句子来反思,反思自己为什么轻易会被女人的善意激怒。

Chapter 04 男人爱给解决方案，女人喜欢提供建议

女人要用合适的方式为男人提供帮助

虽然上述表达方式不是万能钥匙，但它们的确会对你有所帮助。有时，不管哪种方式的建议都会对男人造成无意的伤害，合理地运用以上六大招数，能减少男人的敌意，让女人有更多的机会获得男人的尊重。

在火星上，如果没被邀请，就提出直接的建议，那会是对男人的侮辱。同时，请别忘了，当男人明确地表示寻求帮助时，上述六大招数就失效了，这时女人就要转换策略。那么，女人应该怎么做呢？请看下面这些实用的例子（见表4-3）。

表4-3 用合适的方式为男人提供帮助

未考虑男人面子的建议	保全男人面子的表达方式
你能给销售部门打个电话吗？我确定他们在等待有关这个订单的信息。	不知道是否有人告诉过你，销售部门正在等待电话确认订单信息。他们似乎很着急，你能打个电话过去吗？
请一定告诉哈里，我们还没收到他的回信。	你如果有机会和哈里沟通，能帮我一个忙吗？请转告他，我们还没收到他的回信。

（续表）

未考虑男人面子的建议	保全男人面子的表达方式
你别用这台复印机，会有麻烦的。	你还不知道吧，理查德把纸卡在这台复印机里了。
你要去哪儿？你一会儿需要和客户见面。如果你走了，能及时赶回来吗？	客户11点就会到，你应该知道吧？
请花些时间来整理一下你的思路，在作陈述前，请考虑你的措辞。	我不着急。如果你需要时间来整理思路、考虑措辞，我可以等你。
你别在这事儿上浪费时间了，我们还有其他订单需要处理。	其他订单让我很有压力，你能抽出点儿时间来帮帮我吗？
这太贵啦，我知道有个地方半价就能买。	我有个建议或许对你有所帮助。在新奥尔良，你用半价就能买到同样的东西。
你没必要买台新电脑，换个硬盘就好啦。	你或许应该知道吧，换个新硬盘后，你的电脑就跟新的一样了。
你应该早点儿告诉他们，你时间不够，可能要迟到。	已经两点半了，要给他们打个电话吗？
我想，如果你认真听了她的话，她就可能把事情全忘掉。	如果我是她，在我认为你完全理解了我的话后，我就会把这事儿全部忘掉。她只是想发泄一下罢了。

如果女人忘记了"男人来自火星"这个事实，当女人提出冒昧的建议导致男人发牢骚时，女人就会认为男人在抵制、拒绝自己。为了避免女人的误会，男人也应该学会一些合适的表达方式来获得女人的共鸣和理解。

要求男人不发牢骚也不太现实。即使男人压抑了自己的消

Chapter 04　男人爱给解决方案，女人喜欢提供建议

极情绪，女人同样也会感到男人的抵触。如果男人以一种尊重的方式对女人做出回应，这种误解或许就会消失。通过一些合理的方式去对女人的冒昧建议做出回应，有时会让双方更好地沟通，并增进彼此的信任感。

男人赢得女人尊重的七大沟通招数

请试着想象这样的情形：一个男人准备打个电话，这个电话也在他的事务清单中，只是现在他正在忙于其他他认为更为重要的事情。而且，他此时的心情也不佳。这时，女同事琳达走进他的办公室对他说："已经两点了，你现在应该给山姆打个电话。"

在这种情况下，男人很容易就会将在工作上的烦恼转移到其他同事身上。为了避免出现这种情况，男人这时应该深吸一口气，让自己冷静片刻，并用下面的方式对他的同事进行回应。

1. 他可以深吸一口气并风趣地说："谢谢你的提醒。"

2. 他可以深吸一口气并以一种确认的态度说"我一会儿就打电话"或"我现在就打"。

3. 他可以深吸一口气并真诚地说："我知道，谢谢你的提醒。"

4 他可以深吸一口气并友善地说："你是对的。"

5. 他可以深吸一口气并礼貌地说："我打算下午打电话给他的，但现在你提醒我了，我现在就打吧。"

6. 他可以深吸一口气并以一种轻松的态度说："好的，没问题。"

7. 他可以深吸一口气，并以一种尊重的语气说："如果现在和山姆打电话，我会更高兴的，谢谢你的提醒。"

深呼吸可以使男人的注意力更加集中。更重要的是，深呼吸可以使男人以一种冷静的方式对女人的问话进行回应，这可以使女人感觉自己受到了尊重。这样，男人就会更容易赢得女人的信任和尊重。

如果工作中的男女能尊重彼此的差异，他们之间的交流就会得到改善，他们之间的紧张关系也会得到缓解。记住这一点，来自火星的"修理先生"和来自金星的"职场改造委员会成员"就能和谐共处。和这样的人在一起工作是一种享受：你自己的需求能得到满足，你也能满足他们的需求。为了达到这个目标，男人和女人需要修炼倾听的艺术，需要以一种相互尊重和信任的方式来对对方的话语做出回应。

女人如何寻求帮助并帮男人保全面子

在职场中,由于女人寻求帮助的方式错误,所以她们经常碰壁,感到无助,并产生怨恨和抵触情绪。当女人问男人对某个问题的看法时,男人通常会错误地认为女人是在找他们解决问题。其实,女人是在邀请男人参与解决问题,并为她们的解决方案提供支持。

在这种情况下,男人往往会误解女人的意图。如果女人不同意或不遵循他们的建议,男人就会为女人浪费时间的行为而埋怨。女性经理或许会认为邀请男人参与解决问题是在培养员工的团队精神和合作感,男人通常却不这样想。他们会这样想:

> 如果向我寻求建议,你就最好不要反过来质疑我提出的建议。首先,你是没有答案才来问我的;其次,你又告诉我,我的建议不对。这样,你不仅浪费了我的时间,还花了更多的时间来告诉我,你为什么不喜欢我的建议。你如果认为你比我强,那就不需要向我求助。

Chapter 04　男人爱给解决方案，女人喜欢提供建议

男人完全没有理解女人向他们提问的真实意图，也不懂得协作和包容的价值观。这样，碰壁几次之后，女人就会感到沮丧和怨恨，就会得出这样的结论：我只有两个选择，要么按照他的建议去做，以便挽救我们之间的工作关系；要么按照自己的想法做，并向他解释为什么不采用他提供的建议。对女人来说，寻求帮助和支持就是一个错误的选择。

其实，女人还有另外一种选择。她们如果不同意男人的建议，为了保全男人的面子，就可以简单地感谢男人提供的建议，同时避免为此进行更多的讨论。如果详细地向男人解释为什么不采纳他们的建议，男人就会觉得丢面子，从而感到不快。

> 详细地向男人解释为什么不采纳他们的建议，是男人最不愿意看到的事情。

在这种情况下，女人要说的就是："这是个好主意，谢谢。"或者："你的主意听起来不错，它对我弄清该怎么做帮助很大。谢谢。"这种方式就向男人表明了：女人很感谢他们的帮助，还在考虑最终的方案。这样，即使女人不采纳他提供的建议，男人也不会觉得丢面子。

> 男人天生就会熟练地掌握保全面子的艺术，女人却无法理解。

当你向男人寻求解决方案时，男人会感到十分高兴，因为男人认为，你没有答案，所以来找他们，你把他们当成了专家。这样，男人就沾沾自喜地为自己戴上"修理先生"的帽子，充满干劲儿地帮你排忧解难。在男人给出答案后，你有两种选择：要么喜欢男人的答案，对男人表示感谢；要么不选择男人的答案。

在第二个选择中，其他男人就会帮助"修理先生"保全面子。他们不会详细地向他解释为什么不选择他的答案，而只会对他简单地表示感谢，并说："这是个好主意，谢谢。"这样，他们就向"修理先生"传递了这样的信息：他们非常感谢他的建议，即使他们没采纳，也还是非常感谢他。

通常，在向他人寻求帮助时，男人会以一种合理的语气和态度来向他人暗示，他们是来寻求帮助的。男人可能会这样说："我已经和其他几位专家讨论过了，我也想知道你的看法。"这样，即使男人没有采纳"修理先生"的建议，也不会使他感到难堪。

当男人在寻求帮助时，他们会以各种方式来向他人暗示，自己基本上已经知道答案了，但在做出决定之前，还需要一些小小的帮助或其他见解。

除非男人决定采纳他人的意见，不然他们不会这样问："你认为我应该怎么做呢？"可女人却不会意识到这一点。所以，当向男人寻求了建议，又没有采纳男人的建议，女人通常就会让男人难堪。准确地说，男人不会因为女人没有采纳自己的建

Chapter 04 男人爱给解决方案，女人喜欢提供建议

议而感到愤怒。男人愤怒的原因是：一开始，女人把他们当成专家；不久之后，又将专家的帽子从他们的头上摘掉了。

如果你还是对此有点儿含糊，请看表 4-4 中的例子。看完之后，你就会知道，当女人为男人戴上专家的帽子又将其摘下时，女人的话是如何让男人感到愤怒的。其中，表中的第一栏是女人不应该说的话；第二栏是为了避免刺激男人，女人做出的一些改变；第三栏则是女人不打算采纳男人的建议又要保全男人的面子时该说的话。

表 4-4　女人寻求男人帮忙又不采用其建议的注意事项和正确做法

不该说的话	寻求帮助的更好方式	不采纳男人的建议又能保全男人的面子时该说的话
我不知道该怎么做，你认为我应该怎么做呢？	这是个难题，遇到这样的问题，你该怎么做呢？	谢谢，你的建议对我决定该怎么做有很大帮助。
我没办法，你认为我应该怎么做呢？	我想我应该是落下了某些东西，你会怎么处理这个问题呢？	谢谢，我想我已经向我的解决方案又迈进了一大步。
很高兴你在这里，我需要你的帮助。你认为我们应该怎么做呢？	很高兴你在这里，遇到这种情况，你会怎么做呢？	谢谢你的支持，现在我想我们会做出一个更好的决定。
我完全不知所措，你认为我应该怎么做呢？	我为此花了很长的时间，如果……你会怎么做呢？	谢谢，你的观点促使我发现了很多解决这个问题的新方法。

（续表）

不该说的话	寻求帮助的更好方式	不采纳男人的建议又能保全男人的面子时该说的话
我真不知道我们该怎么做，你能帮我吗？	我还没有解决这个问题，从你的角度看，你会怎么做呢？	好主意，我现在的思路更明确了。
我很迷惑，你认为我该怎么做呢？	我仍然在想办法解决这个问题，你会怎么做呢？	好主意，现在我为我的决定又多做了一些很好的准备。
对这个问题，我很头痛。你认为我该怎么做呢？	我正在寻求其他的观点，你会怎么解决这个问题呢？	谢谢，我从来没想到这一点，从不同的角度看问题真的很有帮助。

Chapter 05

男人躲进"洞穴",
女人滔滔不绝

男人和女人的差别之一，就是对待压力的方式不同。压力到来时，男人的精神和注意力高度集中，整个人变得沉默寡言；女人则会一时间不知所措，心情紧张，容易情绪化。男人摆脱压力的方式和女人也完全不同，除非把问题解决，否则他们一刻都不得安宁。女人则不然，只要把问题说出来，就可以得到宣泄。无论是男人，还是女人，大家都必须理解这些差别，否则就容易在与异性一起工作时产生摩擦。

Chapter 05 男人躲进"洞穴",女人滔滔不绝

火星人解决问题的方法

在火星上,男人首先会通过判断是否能独立解决来对问题进行评估。他们如果能独立解决问题,就会大大增强自己的信心,激发自己做事的动力。如果他们需要别人的帮助才能解决问题,他们的压力也会随之增加。男人特立独行,注重效率。如果没必要,他们不会去依赖别人。在他们看来,这样会浪费他们的时间和精力。依赖,不是男人的首选,也不是男人的风格。

> 男人特立独行,注重效率。如果没必要,他们不会去依赖别人。

独立除了能减少压力外,还能为男人赢得更大的认同感。男人天生喜欢被别人认同,在职场中尤为如此。即使问题解决了,如果其他人认为不是你的功劳,你也不会被别人认同。

男人会通过行动、结果和成就对自己和对方做出评价。工

资的增加、职位的提升、销量的增长，这些都是男人被认同的结果。即使你是你所在行业里的顶级专家，但如果不被认同，也可能会失去本该属于自己的机会。

Chapter 05 男人躲进"洞穴",女人滔滔不绝

金星人解决问题的方法

金星人处理问题的方法与火星人不同。金星人处理问题的行动是她们进行分享、合作、协作的机会。对于金星人来说,如果一个人能做好这项工作,两个人就可能把工作做得更出色。

在解决问题时,金星人通过与他人的协作来表达尊重和感激之情。排除其他人意味着她们自己也有可能被排除在外。如果自己被排除在外,她们就会感到被攻击或是被冒犯了。

即使金星人感到自己能独立解决问题,她们也会将其他人拉进来,进行团体协作。金星人就以这样的方式构建相互信任的工作关系。与别人合作解决问题,并不意味着她们自己不能独立解决。不像火星人,金星人注重情感协作和人际关系,她们希望给自己的同事、经理或员工机会,让他们参与到问题的解决中来。

> 与别人分享问题,并不意味着她们自己不能独立解决问题。

在金星上，与他人探讨问题也是一种极为有效地解决问题的方式。在与他人探讨问题时，或许会出现这样的情形：参与探讨的一位同事正面临着同样的问题，这样在解决这个问题的同时也能解决她的问题；其他同事已经处理过类似的问题，她的处理方法可以拿来借鉴。从这个角度来说，分享问题就像在花园里撒下种子一样，能有很多意想不到的收获。

Chapter 05　男人躲进"洞穴",女人滔滔不绝

男人在"洞穴"中解决问题

对于很多男人来说,他们获得的成就与他们的精力高度集中有直接关系。在火星上,男人喜欢钻进"洞穴",并将其称之为"闭关修炼"。在"洞穴"里,男人可以不受外界干扰,注意力高度集中,他们的思维就会变得十分活跃。

每个男人都能找到适合自己的"洞穴",并让自己的注意力高度集中起来。任务越重,男人就会越深入"洞穴"。

> 每个火星人都能找到适合自己的"洞穴",并让自己的注意力高度集中起来。

男人在"洞穴"中缓解压力

如果问题被公开讨论又没有得到解决,男人的压力就会随之增加。男人对于情感的处理技巧不如女人。当男人面临问题时,他们会本能地感到迫切需要解决问题或本能地立即行动起来。这种为解决问题采取的行动和计划能缓解男人的压力。太多的讨论只会使男人压力更大。

倾听女人讨论问题的细节,会使男人失去耐心并感到更为沮丧。男人不想分析问题,他们只想立即采取行动去解决问题。男人进入"洞穴"并集中精力思考问题的解决方案时,他们就能得到放松。如果男人仍然不能找到问题的答案,为了缓解压力,他们就会暂时忘记问题,并将注意力转移到其他能有所作为的事情上。

> 为了缓解压力,男人需要行动,女人需要讨论。

这些事情通常是一些具有挑战性的事情。男人会通过做这些事情让他们长时间使用的大脑区域得到休息。这样,他们自

Chapter 05 男人躲进"洞穴",女人滔滔不绝

己也会随之放松。柏拉图的观点也证实了这一点。柏拉图曾经提出了一些缓解压力的技巧,并指出压力的增加是长时间用一侧大脑引起的。这也是他倡议设立休闲运动项目的初衷。

> 通过使用大脑的不同部分进行思考,超负荷工作的部分就会得到休息,这样压力就能得到缓解。

柏拉图的观点对于生活在火星上的男人具有一定的借鉴意义。当男人集中精力思考问题又找不到答案时,他的压力就会随之增加。如果大脑的"休闲"部分被激活,大脑的"工作"部分就能得到休息。也就是说,参加一些休闲娱乐活动,能使男人暂时忘记压力。

女人在团队中缓解压力

当一群男女聚在一起公开讨论问题时,男人的压力就会增大。通过分享和倾听,女人能更容易地应付压力,男人却不能接受这种缓解压力的方式。在谈论中,如果男人感受不到问题已经解决了,他们就会变得不耐烦、忧心忡忡。如果不能注意到这一点,职场中的男女就容易产生分歧和摩擦。

> 当一群男女聚在一起公开讨论问题时,男人的压力就会增大。

聪明的男人会意识到,他们的最佳做法是:做忠实的倾听者,让别人各抒己见。这样,他们就能和异性同事和谐相处,他们的压力就会得到缓解。而聪明女人的做法是:尽量地切入重点。这样,她们才能获得男人更多的尊重。

切入主题并不意味着要女人尽量少说话。在团体会议里,女人总是沉默寡言,似乎她们要给其他人更长的时间来参与谈论。对于女人来说,这是一种礼貌的做法;但对于男人来说,

Chapter 05 男人躲进"洞穴",女人滔滔不绝

他们会认为女人没有什么可说的。

> 女人认为沉默寡言是一种礼貌的做法,男人会认为是女人没有什么可说的。

当一群女人聚集在一起开会时,她们会尽量地让其他人参与到其中来,这样做能体现出她们的关心和尊重。但当和男人一起开会时,女人啊,请注意了,男人对你们这种沉默寡言的方式并不买账,他们希望你们畅所欲言。

当女人说话时,女人或许会认为,男人对她们没有耐心,不愿意倾听她们说话。但只有当女人滔滔不绝地讨论问题时,答案才会产生。她们不切主题的谈话方式反而会让男人感到沮丧。

女人不要轻易打扰"洞穴"中的男人

当男人闷闷不乐、独自发牢骚时,女人啊,请注意了:这是男人身处压力之下的表现,并不是针对你个人。在火星上,每个"洞穴"外都有明显的标记:请勿打扰,否则后果自负。男人进入"洞穴"时,通常会给自己很大的空间。当问题的答案出现时,他们便会"重出江湖"。当女人看到"巨龙"在冒烟时,请不用担心,那时"巨龙"不会去伤害别人。但女人啊,请注意了:如果走进"洞穴",就可能被"巨龙""烧伤"。

> 在火星上,每个"洞穴"外都有明显的标记:请勿打扰,否则后果自负。

男人都知道这种标记的含义。在金星上,这种标记却有着另外一种意思:我有问题不能解决,如果你能帮我,那么,欢迎光临。

当女人遇到困难时,她们通常会感谢别人提供的支持和帮助,但并不擅长直接向男人求助。当男人进入"洞穴"时,女人会错误地认为男人是希望得到别人的帮助,结果女人擅闯禁区,吃力不讨好。

理解男人的心理特征,是女人进入职场时的必修课。不管你是男人的上司还是下属,合理地对待男人的"洞穴"时间会减少双方的误解。

同时,男人也必须意识到,女人总会打扰他们的"洞穴"时间。如果处理不当,就得不到女人的信任和支持。如果能充分考虑到两性差异,男女双方就能进行积极有效的对话,就能促进双方的信任和尊重。

比如,当女性病人在场时,如果男性医生能对他的助理表现出耐心和关心,他就会获得这位女性病人的信任和支持。女人对男人对待别人的方式十分敏感。在不少领域,成功的生意常常是由长期稳定的关系和良好的口碑决定的。

在很多情况下,友善和充满关怀的语气,如"你能……""好的,谢谢""很好,干得漂亮"等,都能让人备受鼓舞和尊重。

职场中的积极态度能为事业上的成功带来很大的正面影响。处于领导层的男人通常会被他们无意识的"洞穴"行为影响。如果男人能了解到这一点,他们和下属之间的关系就会变得更加和谐,他们自己也会获得更大的成功。

男人的"洞穴"行为常给女人带来消极反应

女人对男人的"洞穴"行为有着许多消极反应。

1. 女人或许会感到自己被人排斥，就像她们的能力不被接受和认可，或她们自己不被尊重。她们不会期待男人的态度会有所转变。

2. 女人或许会认为男人不关心她们的想法，或她们的建议对男人毫无意义。

3. 女人或许会相信男人没时间来和她们说话，或对她们的帮助毫无兴趣。

4. 女人或许会认为男人关心的只是效率，她们的个人需要对男人根本不重要。她们不会再信任男人。

5. 女人或许会感到男人令人生畏，就好像她们一无是处一样。这使得她们将自己隔离起来。

6. 女人或许会认为男人误会了她们的真实意图。女人如果要和男人共事，就需要让自己说的话能被男人正确地理解。

7. 女人或许会感到男人很难相处。当女人说出自己的观点和见解时，两人没有达成共识，这不仅会让女人生出沮丧，还会让女人的这种沮丧感不断增强。

8. 女人会感到男人不在乎她们的需求。她们需要的是承诺和关怀。

9. 女性经理可能会感到男性员工对她们的指导心不在焉，而且不尊重她们的职位。

10. 女性员工可能会感到她们的工作遇到麻烦了，所以陷入恐慌之中。最终，她们会认为自己受到了不公平待遇，于是处处提防。

11. 女人或许会感到男人不想和自己说话，不喜欢自己。

12. 女人可能会认为自己在公司里惹麻烦了，或公司遇到麻烦了。

13. 女人会认为男人对她们有所怨恨，她们自己受到了不公平的待遇。

14. 当男人进入"洞穴"时，男人会将自己的注意力集中在那些最重要的事情上。如果他们认为女人的问题微不足道时，就不会去关注。这样，女人就会错误地认为，自己对男人一点儿都不重要。

通过上面这些例子，男人应该开始反省了。他们经常被女人误解。要想获得女人的信任和尊重，男人啊，请多考虑女人的感受，多去理解和关心女人。同样，看到这些例子后，女人也应该去反思，反思自己对男人的误解。这样，职场中的男女更能相互信任和支持。

正视参与，不要盲目排斥

当女人看到男人在"洞穴"里思考问题时，她们会认为男人在排斥她们，并毫不在乎她们的需求或建议。男人突然间变成了"罪人"。可事实是：男人只是在集中精力地做他们的工作。当我们不了解某事时，我们总会往最坏的方面想。一般情况下，男人没有女人想象的那样不愿提供帮助，那样冷漠无情。

同样，当男人看到女人在喋喋不休地谈论问题时，他们也会认为女人不能独立解决问题。可事实是：女人或许已经有了解决问题的答案，她们这样做只是为了获得他人的支持，以便更好地做出决定。

让我们通过下面的例子来探讨职场中参与和排斥的哲学吧。

克伦在销售部门工作。在她收到销售滞后的信息后，她的第一反应就是：要和她的同事以及经理讨论这个意料之外的问题。在和同事进行了一些探讨后，她准备和经理见面并提出问题（这名经理是男性）。

其实，在与经理见面之前，她已经有了解决问题的方案。因为这是个大问题，即使她已经知道答案，也认为有必要让经

Chapter 05　男人躲进"洞穴",女人滔滔不绝

理也参与其中。在金星上,即使答案很明显,将他人排斥在外也是对他人的不尊重和不礼貌。

> 在金星上,即使答案很明显,将他人排斥在外也是对他人的不尊重和不礼貌。

她先将问题提出来,再向她的经理寻求建议。她的经理紧接着就给出了解决方案。随后,她就开始实施。

当她走出会议室后,她或许还认为她做得非常出色,但她的经理可不这样想。他的心里话是这样的:她来我这里是什么目的?真是浪费时间。答案很明显,可她还跑过来找我,她到底能不能胜任这个工作?

其实,克伦的这个问题是可以避免的,她不应该花很长时间去讨论问题本身,而应该首先告诉她的经理,她已经有了解决方案,而不是向她的经理寻求解决方案。

当女人和男人打交道时,请注意,这一点很关键:女人应该少谈论问题的本身,最好能把重点放在解决方案上。如果你不直接进入主题,男人就会认为你没有能力拿出解决方案。

> 当女人和男人打交道时,请注意,这一点很关键:女人应该少谈论问题的本身,最好能把重点放在解决方案上。

现在让我们来换位思考一下。卡伦是经理，而她的经理杰罗姆是销售人员，并且杰罗姆收到了一份这样的通知：他的销售业绩很落后。当他看到这份通知后，他立即停下了手中的其他工作，以便寻找解决方案。

当他的经理卡伦发现他丢下手头其他工作时，开始不满起来，她在想：为什么他不来找我帮忙？为什么他要把其他工作放下？我需要和他好好谈谈。

在他们进行谈话后，杰罗姆认为这次谈话完全没有必要，简直是在浪费时间。卡伦问了很多问题，杰罗姆认为自己就像三年级小学生一样被人教导着如何做事。他的理由是：我们为什么要讨论这些问题？这些问题我自己就能解决，不需要你的帮忙。

> 当女人和男人谈论问题时，男人的想法是：为什么我们要讨论这些我能解决的问题？

谈完话后，杰罗姆感觉自己的能力没有得到卡伦的认可。可卡伦却认为，杰罗姆对她的帮助丝毫不感兴趣，他不是一个很好的团队合作伙伴，这个人不可靠。就这样，他们之间的关系开始恶化。

在这个例子里面，杰罗姆希望自己独立解决问题，从而获得其他人的尊重；可卡伦却希望杰罗姆有问题之后第一时间来和她进行沟通，然后共同寻找问题的解决方案。

Chapter 05　男人躲进"洞穴"，女人滔滔不绝

其实，杰罗姆和卡伦完全可以避免这样的误会。杰罗姆可以告诉卡伦，他在销售上的确有问题，并且正在着手处理这个问题，如果她愿意，欢迎她提出自己的观点和见解。这样一来，他们的特性就得到了兼顾，两人之间的沟通也会变得顺畅。

谈论问题要把握合适的时机

谈论问题能使女人感到舒适。但男女在一起工作时，谈论问题却有着不同的效果。

第一，让他人参与到问题的讨论中来，更多的人会意识到问题的存在，并提供更多的见解，进而使问题的解决变得更高效。然而，意见的不同可能造成一定的冲突并激发矛盾，解决问题所花的时间也会更长。尤其是大家各持己见、互不相让时，解决问题所花的时间明显就会长很多。

第二，通过与他人讨论问题，一个人能获得他人对自己解决方案的支持，并且还会促使其他人为自己提供帮助。这也能使问题在将来不再重复发生。不过，在与别人讨论问题的同时，别人或许也会讨论自己面临的问题。如果是这样，你就不仅得不到别人的支持，还会陷入他们的问题。这样，问题会越来越多，解决方案也难以及时出现。

有时，当其他人参与到问题的讨论中来时，问题会变得更为严重和复杂。有时，太多的讨论会被认为在浪费时间。别人会认为你不是在解决问题，而是在制造问题。当问题变得复杂

Chapter 05 男人躲进"洞穴",女人滔滔不绝

时,你的解决方案就会受到影响。有时,甚至会一无所获。

有时,大问题需要被分解成小问题。当小问题被逐一解决时,大问题也就会慢慢地得到解决。不要首先就想去推倒一面墙,也许要从一块块的砖开始撬,你才能顺利推倒一面墙。

第三,使他人参与到问题的讨论中来,能激发他们的主人翁感,能使他们积极地参与到问题的解决中来。

然而,让他人注意到你的问题,也会使他们对你的个人能力产生怀疑,出现上文提及的"在火星上,分享问题是一种无能的表现"那样的情况。如果是这样,你的竞争对手就会利用你的问题对你进行反面宣传,使你看起来懦弱无能。同时,他们会极力地推销自己,从你手中抢走机会。问题的公开化使你更容易受到竞争对手的攻击。

第四,问题的分享和解决的过程,能在同事之间创造一种团队协作感。将不同的观点整合在一起,有时能激发更大的创造力。现在,越来越多的公司都意识到:公司的许多问题都是可以依靠团队来解决的,团队在一起创造了许多有价值的东西。

遗憾的是,这只是事情的一个方面。与他人分享问题,会给人带来一种平等的感觉。但你如果在公司里处处显得比别人领先,就会遭到嫉妒。这样一来,分享问题不仅不会帮你得到他人的支持,反而会为你带来他人的怨恨。哪怕你是公司领导,也不能避免这样的尴尬。

如果你是公司领导,当你和别人分享问题时,分歧就会产生,团结的氛围就会受到威胁。下属需要强有力的领导,否则,

他们就会另谋高就。和别人分享太多问题会制造恐慌和挫折感。大家往往觉得如果领导都失败了，下属肯定也会失败。

第五，随着越来越多的女性参与到管理层的工作中来，有些男人会有抵触情绪，并拒绝服从女性的权威。在团队活动里，当很多人参与到问题的讨论中来时，意想不到的结果就会产生。男人体会到团队参与的重要性和优势后，会转变观念，更加尊重女性领导。

大多数男人只会支持那些已经有良好解决方案的人。他们如果感到你没有很好的解决方案，就会轻视你。谈论问题就是在向别人宣告你的无能。

当男人和女人知道彼此处理问题的方式有差异后，很多沟通问题都能得到解决。因此，在我们谈论问题时，请准确把握合适的时机。

尊重合作方式差异,实现默契共事

团队协作在火星和金星上都很重要,但在不同的星球却有着截然不同的含义。

在火星上,团队协作指的是:每个人都有自己独特的天分、技能、职责和部门;作为一个团队,他们相互支持,但不会分享或交换职位,就像前锋不会去考虑后卫的角色一样。

> 前锋不会考虑后卫的角色。

在金星上,团队协作指的是:人们有着共同的责任和任务。她们一起做着同样的事情,她们之间没有明确的分工。她们的合作非常灵活。

如果男女双方能记住彼此合作方式的差异,他们就能更加尊重对方。

女人想和别人讨论问题,以便获得支持,从而得出正确的答案。男人通常会认为女人的这种做法是懦弱和无能的表现。男人需要自己独立的舞台。在这个舞台上,自己才是主角。

明白了男女之间的这些差异后，在团队协作中，男女就能默契地共事了。这样，他们共同的目标就会实现。如果了解到这一点，当男人进入"洞穴"时，女人就不会强行闯入禁区；当女人需要被倾听时，男人就不会置之不理，冷眼相对。

Chapter 06

男人需要鼓舞,
女人需要宽慰

男人和女人都有自己的情感，但在职场中，男女表达情感的方式有着很大的不同。当两个说着相同语言的人在一起交流情感时，他们是为了加强信任和沟通。如果方法得当，交流情感就会在职场中创造一种和谐、愉悦的氛围。另外，相互的信任度和工作效率都会得到提升，压力也会减少。

情感不仅能通过语言进行传递，还能通过手势、面部表情和语调来传递。据统计，在人与人的交流当中，只有20%涉及话语。在交流中，语言很重要，但未用言语表达出的情感更为重要。一个甜美的微笑，一种信任的语调，或者一个轻轻的点头，有时表达出来的情感都比精心组织的语句更为有力。大部分决策制定者在说服他人之前，都会考虑数据、逻辑等各种因素，但他们也都知道真挚的感情更具有说服力。

火星人和金星人对分享情感有不同看法

在火星上,男人通常只尊重积极情感,如信心、欢乐、满意、自豪、幽默和放松,从不尊重消极情感;通常只会表达积极情感,从不愿意表露出消极的一面。当男人必须要表达消极情感时,他们会变得小心翼翼。很显然,只有分享积极情感,才能赢得男人的尊重和信任。

> 当男人表达消极情感时,他们会本能地以一种客观的态度去表达。

这点在金星上并不成立。在金星上,女人对积极情感或消极情感并没有什么偏好,也不认为它们有黑白之分。对女人来说,任何一种情感,无论是积极的,还是消极的,只要以一种礼貌的方式去表达,她们就有机会和他人增进感情和友谊。她们也不会区分是个人的还是非个人的情感。在她们面前,表露脆弱或消极的情感不是禁忌。她们并不认为消极情感的表露是懦弱和无能的表现。

火星人和金星人有不同的情感表达方式

我们很容易就能区分积极情感和消极情感，至于如何区分个人情感和非个人情感，则需要一些训练。大部分男人都会自动地隐藏个人情感，并很轻松地表达非个人情感。女人则相反，她们通常会隐藏非个人情感，轻松地表达个人情感。这种情感表达的差异会使男女之间产生误解。

> 大部分男人都会自动地隐藏个人情感，并很轻松地表达非个人情感。

在表6-1展示的例子中，"信丢了，我真不知道我们该怎么做"这句话传达出了各种不同的情感。即使情感相同，其在火星上和金星上的意思也不同。它们能让你看出非个人情感和个人情感之间的区别。

Chapter 06　男人需要鼓舞，女人需要宽慰

表6-1　非个人情感和个人情感的区别

非个人情感	个人情感
当他说："信丢了，我真不知道我们该怎么做。"他的意思是：	当她说："信丢了，我真不知道我们该怎么做。"她的意思是：
信丢了，结果机会错失了，他为此沮丧。他很失望，销售量在第三季度大幅下跌。	信丢了，她曾经提过，但没人听。她为提高销售量做过努力，但没人配合，她很沮丧。
项目可能不会按期完成，或他没有时间去做这个项目，他很担心。	如果项目没有按期完成，她可能就会被责怪或炒鱿鱼，她为此很担心。
由于信件丢失，工作没有做好，他感到尴尬。	别人可能会认为她无能，她感到尴尬。
信件丢失，不能按时完成工作，他很生气。	信件丢失，她可能为此失去信誉，她很生气。
时间都浪费了，工作还没做完，他很伤心。	她让别人失望了，还耽误了时间，她很伤心。
他不知道他们将怎么弥补损失的时间，他很担心。	她可能会失去别人对她的尊重，她很担心。
信丢了，工作没有按时完成，他很抱歉。	信丢了，她感到无能为力，她很抱歉。
信丢了，其他公司会得到这笔生意，他很愤怒。	信丢了，她的努力没有得到回报，她的职位不会提升，她很愤怒。
他很努力，但现在失败了，他很受伤。	她很努力，但可能是别人做成这笔生意，她很受伤。
公司将会丢面子，但已经无法挽救了，他很害怕。	公司将会丢面子，她现在很难再相信别人，她很害怕。
公司丢面子，项目失败，他感到很羞愧。	项目失败，她现在看起来很不专业，她感到很羞愧。

· 117 ·

从上面的每个例子中，我们可以看出，男人和女人都会非常容易误解对方。男人容易在个人情感中听出责备，而女人容易在非个人情感中听出责备。

如果不能准确地理解男女情感表达方式的差异，女人通常就会感到被男人攻击。女人在表达个人情感时，如果带上个人色彩，男人也会感到被攻击或羞辱，尽管女人并无此意。在女人看来，表达个人情感是没有错的；男人却不这样认为。

当女人的愤怒带有个人色彩时，男人就会错误地认为女人是在责备他人或对发生的事情不负责任。如果愤怒与客观事实有关，且不带有个人色彩，他们的愤怒就都会被理解。

女人如果想赢得男人的尊重，在工作场所表达个人感情就是不合适的，那样很容易被男人误解。当男人听到女人在表达个人情感时，他们通常会将她们的行为视为自私、自卑或带有攻击性。同样，当女人听到男人表达非个人情感时，她们会认为男人冷酷、漠不关心，并且在间接地指责他人。

Chapter 06 男人需要鼓舞，女人需要宽慰

到底是谁在责备谁

在职场中，表达个人情感造成的最大问题是：容易引起男人的反感和抵触情绪。当男人出现抵触情绪时，他们的情感会更加个人化，他们还会开始指责别人。同样，当男人表现出非个人情感时，女人会以同样的方式进行回击，还会责备男人冷漠无情。

像女人一样，男人也有个人情感，但通常来说，如果男人没有遭遇"极端"待遇，他们一般是不会表露出来的。这就是男人的绝招。这似乎和"客户永远是对的"道理一样。

女人也有着类似的绝招。通常来说，如果女人没有遭遇"极端"待遇，她们一般是不会表露出非个人情感的。

很多时候，男人都为自己受到的不公平的责备喊冤，女人则为自己的善意平反。女人通常会说："我不是在责备你，我就是在告诉你我现在的感受。"另外，当男人在为自己辩解时，女人会认为男人是在责备，以至于女人认为男人总觉得自己是对的，他们不愿意倾听，因此不值得信任。

·119·

金星上有效的安慰方式

当女人在表达个人情感时,她们是在寻求支持和给予支持。公开表达个人情感的态度释放了一种愿意信任他人的信号。这时,聪明的男人应该做出一些小小的改变,抓住机会,增强他们在工作中的相互信任。

男人不会本能地给予安慰,因为当他们在表达消极情感时,他们也不是在寻求情感上的安慰。比如,当男人感到失望时,男人不希望女人以同情的口气对自己说:"我理解,这件事发生了,你肯定会感到失望的。"在火星上,这样的话是对男人人格的诋毁,并在大多数情况下会让他们感到自己被冒犯了。但在金星上,情况不是这样,同样的话会让女人感到安慰。让我们一起来看看下面的例子。

当女人说"信丢了,我真不知道我们该怎么做"时,下面有不同的意思和不同的情感回应方式(见表6-2)。

Chapter 06　男人需要鼓舞，女人需要宽慰

表 6-2　不同的意思和不同的情感回应方式

她的感受	男人应该这样回应
信丢了，她很沮丧，因为她曾经提起过要注意，可是没人听。	他说："这肯定会让人烦恼。你曾多次提醒过……或许下次他们会听你的。"
她为提高销售额付出过努力，但没人配合，她很失望。	他说："真让人失望，你有很多很好的点子，可就是没人听，现在事情应该有变化了。"
如果项目没有按期完成，她就可能会被责怪，甚至丢掉工作，她很担心。	他说："别为你的工作担心。即使不能按时完成任务，大家也都知道，这不是你的错，你的工作做得很出色。"
别人会认为她无能，她感到尴尬。	他说："你看起来很尴尬，但这不是你的错。你的努力，我们都看在眼里。"
信件丢失，她可能为此失去信誉，她很气愤。	他说："你有权利感到气愤，我知道这完全不是你的错，你的工作做得很好。"
她让别人失望了，还耽误了时间，她很伤心。	他说："我也感到很难过。事情本不应该这样的，你已经尽力了，你做得很好。"
她可能没有足够的时间来弥补这件事情，别人会为她感到失望的。她很害怕。	他说："我知道你很害怕，但事情已经发生了，我想会好起来的。"
信丢了，她感到无能为力，她很抱歉。	他说："我知道你为此事感到抱歉，但不会有奇迹发生……没事儿的，会好起来的。"
她的努力没有得到回报，她的职位不会提升，她很愤怒。	他说："这肯定让人愤怒，你工作非常努力，可事情还是发生了。我们理解你的心情，你仍然应该升职。"

· 121 ·

（续表）

她的感受	男人应该这样回应
她很努力，但也许别人会做成这笔生意，她很受伤。	他说："真让人伤心，你这么努力工作，但还是丢掉了这笔生意。不该这样的，我知道你肯定会好起来的。"
公司将会丢面子，她现在很难再相信别人，她很担心。	他说："每个人都这么忙，他们不会记得这件事，会好起来的，别担心。"
项目失败，她现在看起来很不专业，她感到很羞耻。	他说："我知道你感觉很糟，你已经做得很好了，没有人是完美的，这件事你做得非常专业。"

身处压力之下时，金星人会感谢那些给予她们理解和关怀的人。在金星上，你如果真的关心某人，就会为她们的欢乐而欢乐，为她们的悲伤而悲伤。对于她们情感的认同，会让她们感受到你的关怀和理解。另外，多说一些感谢和鼓舞的话，会让女人感到更加宽慰。

在火星上，这些安慰的话不会起到良好的作用，因为他们会根据能力对自己进行评估，如果未经允许就冒昧地向他们提供帮助，这意味着他们很无能。大多数时候，男人不需要安慰的话。男人的情感不是个人的，而是非个人的，他们需要其他类型的支持。

女人需要宽慰，男人需要鼓舞和支持。

Chapter 06　男人需要鼓舞，女人需要宽慰

当一个男人需要帮助时，其他男人不会直接对他说一些安慰的话或直接表达同情，而会对他提供一种鼓舞。这种鼓舞能使男人保全自己的面子。女人的安慰则会被误认为是对男人的不信任或批评。

> 在火星上，安慰的话容易被人误解为对其不信任。

对大部分男人来说，他们都知道，"我知道你肯定很受伤，让我来帮你吧"这样的表达方式是非常不合适的，这会增强他人的挫败感。

在金星上，用一种带有个人情感的语调来对另一种情感做出回应是有效的，但在火星上并非如此。当男人失望时，你的失望不会对他们起什么作用；当男人着急时，请不要轻易"急他们之所急"；当男人高兴时，不妨为他们感到高兴；当男人伤心时，你大可不必为他们感到伤心，这样只会让他们感觉更糟。当女人向男人表示同情时，他们一般都会敬而远之。男人不善于表达同情，也不善于和女人分享情感。

但这并不是说，所有的男人在任何时候都会对女人的情感安慰不领情。只要女人表现得体，男人还是会欣然接受的。其实，不是男人不想得到女人的支持，而是男人不想得到女人的同情和怜悯。如果女人意识到这一点，她的一个简单的道歉就能化解他们之间的误会。比如，"对不起，我太感情用事了"。

一个小小的道歉，能迅速而有效地消除男女之间的误解。

如果不了解这一点，女人就不会为自己的同情或安慰之语感到抱歉，男人也会对女人进行抵制。

Chapter 06 男人需要鼓舞，女人需要宽慰

火星上有效的激励和鼓舞方式

男人遭遇压力时，也会对那些激励和鼓舞的话充满感激，就像女人感激安慰之语一样。当男人遭遇压力、表达消极情感时，女人可以用很多方式来对男人进行鼓舞和激励。

不同于安慰的回应，一个激励人心的回应能向男人释放这样的信息：我相信你能独立解决此事。很明显，你不需要我的帮助。在火星上，激励之语包含信任、接受和感激之情。

不过，仅靠这些词句是不够的，语气也非常重要。为了准确地表达出激励和鼓舞之意，请确保不要带着同情的语气，如：我能感到你的痛苦。同情的语气较为沉重，而鼓舞的语气较为轻松。让我们一起来看看下面的例子（见表6-3）。

表6-3 她这样对他表示支持

他的感受	她可以这样说以表支持
他很失望，销售额在第三季度大幅下跌。	以中立的语气说："有时你做得很好，有时还有待改善。"
项目可能不会按期完成，或他没有时间去做这个项目，他很担心。	以充满信任的语气说："我不着急，你会有办法的。"

（续表）

他的感受	她可以这样说以表支持
由于信件丢失，工作没有做好，他感到尴尬。	以不以为然的语气说："没事儿，这世上没有常胜将军。"
时间都浪费了，工作还没做完，他很伤心。	以强调事实的语气说："你尽力就好了。"
他不知道他们将怎么弥补，他很担心。	以充满希望的语气说："还有希望，事情还没有最后结束。"
信丢了，工作没有按时完成，他很抱歉。	以轻松愉快的语气说："世界末日还没到呢。"
他很努力，但现在失败了，他很受伤。	以放松的语气说："你会挺过来的。"
公司将会丢面子，但已经无法挽救了，他很害怕。	以信任的语气说："我们还有机会的。"
公司丢面子，项目失败，他感到很羞愧。	以接受事实的语气说："嗯，错误有时是会发生的，生活就是这样的。"

通过以上这些例子，女人就能体会到，她们应该如何向男人表达他们想要的鼓舞和支持。

Chapter 06 男人需要鼓舞，女人需要宽慰

在职场中多表达积极情感

在职场中，表达积极情感是使你表现突出的最佳方式。当你充满自信时，其他人就会对你更有信心。当你对自己和身边的事情感受良好时，其他人也会因为在你身边而感受良好。当你能准确地把握机会时，你得到的机会就会更多。

> 当你对自己和身边的事情感受良好时，其他人也会因为在你身边而感受良好。

情感能通过语言来直接交流，但交流情感最为有力和常见的方式是：通过你的语气和身体的习惯动作。比如，在完成一项任务之后，"一声轻松的叹息"和"一声愤怒的叹息"有着很大的区别。同样是做深呼吸这个动作，如果语气不同，面部表情不同，这个动作传递的信息也就完全不同。这些信息既能传递积极情感，又能传递中性情感或消极情感。

下面是男人如何误解消极情感的例子（见表6-4）。

表 6-4　分享消极情感时，女人的感受与男人的误解

女人的感受	男人的误解
她感到遗憾和尴尬。	他或许认为她失败和无能。
她感到担心和害怕。	他或许认为她无助和懦弱。
她感到悲伤和失望。	他或许认为她在责备别人。
她感到沮丧和愤怒。	他或许认为她为自己感到抱歉，或因不能做某事而抱怨。

男人为什么会对消极情感产生误解呢？这是因为，在火星上，消极情感是懦弱、无能的表现。当那些消极情感，如沮丧、愤怒、失望等产生时，男人就会熟练地将其隐藏起来，等到合适的机会到来时才释放出来。一般来说，男人会找一些有趣、轻松、刺激或与工作无关的事情来释放自己的消极情感。男人一旦感到更加放松，就会以一种更为积极的态度来考虑工作中发生的事情。在火星上，专家就是指能不受自己情感影响而完成任务的人。情感必须收敛，工作必须继续。

> 在火星上，情感必须收敛，工作必须继续。

当在工作中表达消极情感时，男人和女人都会被男人那套固有的法则评判。不能收敛自己的消极情感，那就是非专业的表现。不仅仅是女人，当男人不能克制自己的消极情感时，他们也会失去其他男人对他们的尊重，还会失去成功的机会。

Chapter 06　男人需要鼓舞，女人需要宽慰

在金星上，健康、聪明的女人不会有意识地隐藏自己的消极情感。在她们看来，向他人表露消极情感没有不妥之处，不会冒犯他人。如我们之前探讨过的，在金星上表达消极情感能缓解压力，能增进彼此间的友谊和信任关系。

> 在金星上，表达消极情感没有冒犯之意，相反，这是自尊的表现。

在金星上，女人当然也会选择时间和对象去分享自己的消极情感。像男人一样，女强人也会隐藏自己的消极情感。聪明的女人不会盲目地和陌生人或不支持她的人分享消极情感。她们会选择合适的时间和地点来向他人倾诉心声。这样，你就能理解，为什么有时在一个女人明显心烦意乱时，你问她发生什么事了，她还坚定地说"没事儿"。

> 有时在一个女人明显心烦意乱时，你问她发生什么么事了，她还坚定地说"没事儿"。

女人有时会这样想：不好的事情发生了，但我不知道现在去谈论它是否合适。如果你真的有时间关心我，那就请你多问些问题，我会告诉你的。

综上，我们可以看出，当男人说"没事儿"时，他们不仅是在隐藏自己的消极情感，而且根本就不愿意透露更多自己的

情感状况。很明显，这种做法不是女人想要的，她们没必要压抑自己的特性。当女人感到不被支持时，她们也是隐藏情感的专家。为了在工作中获得成功，女人可以这样做：隐藏自己的情感，并更多地给予男人支持和鼓舞。这样，女人就不会每天为得不到男人的尊重和支持而发愁，她们就能有所收获。

另外，不要让情感控制自己，你要学会克制和控制情感。成功的人知道有的放矢，知道在何时何处正确地表达自己的情感。如果理解了男人和女人表达情感的区别，再加以练习，你就会大有所获。

Chapter 07

男人重视效率，
女人重视倾听

男人在赢得女人信任的过程中遇到的最大障碍是：男人对工作效率的态度。在工作时，男人通常会以任务为核心，会高度集中注意力，会让别人产生他们很少关心和他们一起工作的人的感觉。他们只关心最好的产品或最低的价格。如果在沟通中别人体会不到他们的关心，他们就将失去别人对他们的信任和支持。

如果不注意倾听，男人就会给别人这样的感觉：他真的对我不够关心。当男人和女人交流时，男人通常会给女人这样的印象：他没有在听我说话，他根本不在乎我的需求和感受。尽管男人可能有解决问题的能力，但在女人看来，如果男人不注意倾听，她们就不会去认同或感谢男人。男人在工作中遇到的最大障碍就是：不注意倾听女人的倾诉，不花时间来向她们展示自己的关心。

另外，女人在获得男人尊重的过程中遇到的最大障碍是：女人对男人处理问题方式的态度。当女人带上个人感情看待事情时，她们就会感到被伤害、被排斥、被拒绝或被冒犯。这样，她们就会将自己和他人隔离起来。结果，她们认为自己就是问题的根源，从而对男人产生怨恨之情。

对男人来说，女人就像在制造一些根本不存在的问题。男人常说，女人生气就是在为自己辩护。女人阻碍自己成功的一

Chapter 07 男人重视效率，女人重视倾听

个主要表现就是：容易对男人的行为做出针对个人的回应，还特别爱生气。

> 男人常说，女人生气就是在为自己辩护。

理解了男人在工作中的行为，女人就不会将男人的回应个人化。男人也应该更多地理解和接受女人的心思。如果不理解这些差异，男人就会无意识地做出一些令女人无法接受的事情。男人让女人不高兴的最有力的武器是：没耐性，不愿意倾听，或以女人不想要的方式对女人进行回应。在工作的各个领域中，如果男人对女人做出非个人化的回应，女人就会对男人做出个人化的回应。女人啊，请注意：在火星上，工作就是工作，与个人无关。

男人因为没有倾听丢掉了职位

男人的冷漠，主要可以从他们倾听的态度中看出。当女人认为男人不关心她们时，她们就会对男人进行个人化的理解，认为自己不被男人重视。让我们一起来探讨下面的例子。

一家蒸蒸日上的高科技公司正准备上市。在上市之前，他们需要一个有威望的人担任董事会主席的职务。在众多的竞争者中，理查德最被董事会成员看好，因为他曾经做过类似的事情并且获得了成功。他的能力和威望使他成为最佳人选。

这家公司的主打产品是一位女性科学家研发的，她叫琳达，不仅是公司的首席执行官，更是公司持有半数以上股份的股东。董事会需要得到她的支持才能聘用董事会主席。在面试时，几乎所有董事会成员都对理查德的表现很满意，可琳达不这样认为。如果理查德理解女人的特性，他就不会在琳达面前出现失误。董事会其他成员对理查德的反应使得琳达开始不信任他们。

在面试时，琳达告诉理查德：公司与众不同，面临着许多特殊的挑战。可理查德以一种充满自信的态度回答琳达说："我知道，没问题，我们能应付这些挑战。"

Chapter 07　男人重视效率，女人重视倾听

他满怀信心并有光辉的历史成绩，他对琳达的每个问题都给出了答案，但他没有意识到：他的这种信心会给男人留下了深刻的印象，可对琳达来说却起了反作用。准确地说，他让琳达感到沮丧和被冒犯。在向琳达陈述了15分钟的解决方案后，琳达开始对他抵触起来。当琳达最后拒绝董事会其他成员和理查德时，所有的男人包括理查德在内都感到万分诧异。

> 男人的自信和直接的答案对男人有效，对女人则相反。

在这个例子中，理查德通过充满自信的答案获得了男人的信任，但他没有仔细倾听琳达的问题，因而导致琳达对他的误解。其实，他需要做的只是：耐心些，认真倾听琳达的问题，然后提出更多的问题。只有这样，他才能获得琳达的信任和支持。

男人注重信心和效率，而女人只有在认为男人理解了她的问题时，才会信任男人。因为琳达知道理查德没有理解公司面临的特殊问题和挑战，所以她不信任他的信心和答案。而且，她连问题还没问完，理查德就已经给出了答案。在琳达看来，理查德太傲慢了，根本不关心她关心的问题，也根本不理解她。她不会将这样的职位交给一个她不信任的人。

倾听的10大好处

在金星上，为了向他人展示你的关心，你需要耐心倾听和回应，这比你说什么和做什么更为重要。大部分男人都不会注意到这一点。下面是倾听的10大好处。

1. 当你仔细倾听女人说话并不急于表达自己的见解时，她们会认为你在关心她们，会给予你更多的信任。这也会让她们更愿意和你做生意或与你合作共事。

2. 当你问问题时，你会收集更多的信息，她们会有参与感。这样，她们会更愿意与你合作。

3. 如果你仔细倾听，并且不用答案来迅速地打断女人的谈话，她们就会对你的解决方案表示信任。

4. 如果你对她们的问题做出正确的回应，你就会理解她们的想法。这样，她们就会更加感谢你，并能给予你更多的支持和信任。

5. 当你仔细倾听时，你向她们传递着这样的信息：你愿意为她们服务，愿意了解她们的需要。这样，她们就会更为果断地向你下订单或跟你签合同。

6. 如果你记得她们所说的话，并提出一些相关的问题，她们就会知道你有能力满足她们的需求，也会对你的服务感到放心。

7. 当你仔细倾听她们的沮丧、焦虑和失望时，她们就会感谢你的关心，进一步和你保持友好关系，并更多地支持你。

8. 当和女人谈论问题时，如果你不急于给出你的答案，她们就会感到被你尊重，她们处理问题的能力没被你忽视。这样，她们就会更加愿意接受你的服务和支持。

9. 如果你耐心地倾听她们的抱怨和问题，她们就会感到你重视她们，理解她们，你是一个值得信赖的人。你们工作中的友好关系就会得到加强。

10. 带着同情心去倾听女人的谈话，会让她们感到安慰。她们会感到她们能信任你，支持你，并会向她们的朋友推荐你的服务。

女人认为男人没有倾听的12种情况

女人考虑事情时喜欢带上个人色彩的主要原因是,她们感到自己没有被重视,没有人愿意听她们说话。她们煞费苦心,却被漠然置之。

当女人说男人没耐心倾听时,她们的话语有着多种不同的含义。下面的这些例子能帮助女人理解:为什么男人认为自己一直在听,而女人却不这样认为。

当男人忽视女人说话的内容时

当男人忽视女人说话的内容时,女人会认为男人没有在仔细倾听。

很多时候,男人在跟女人谈话时会左顾右盼,或心不在焉。当他们回过神来,他们会问:"你刚才说什么来着?"或者:"你能再重复一遍吗?"这样一来,女人就会认为男人很不尊重她们,并且很明显,男人没有在认真听她们说话,中间开了小差。

这样的表现对男人来说很正常。因为在火星上,男人只会对他们关心和感兴趣的问题表现出认真的态度。但金星上不是

Chapter 07 男人重视效率，女人重视倾听

这样。如果女人关心他人，当对方说话时，她们的注意力就会高度集中。所以，当男人心不在焉时，女人就会得出这样的结论：男人根本不关心她们。

> 男人心不在焉时，女人就会得出这样的结论：男人根本不关心她们。

从男人的本意来说，他们的心不在焉与女人本人无关，只是与其说话的方式有关。当男人身处压力之下时，如果女人说话不切入重点，男人就容易开小差，就会去想那些棘手的事情。但对女人来说，这种行为就是对她们的蔑视和不尊重，她们无法接受。当一个男人和其他男人这样进行交谈时，其他男人多半会觉得很正常，并认为他肯定身处压力之下。如果女人忘记了"男人来自火星"这个事实，当男人心不在焉时，女人就会对男人产生误解。

当男人短暂地忽视女人时，他们甚至不会意识到忽视的存在。他们一心二用，时不时想着问题的答案。结果，女人感到自己被男人忽视，男人却被蒙在鼓里。如果能理解这一点，男人就能做出努力，在听女人说话时，尽力保持注意力高度集中。

当男人草草给出解决方案时

如果男人在女人结束谈话之前就草草地给出问题的解决方案，女人就会认为男人没有注意倾听。对此，男人很不服气。

在他们看来，他们已经知道女人所说的问题了。可是女人认为，男人并不知道，因为自己的话还没说完。其实，女人在谈论具体问题之前，都会从一些宽泛的问题着手。男人和女人的做法则相反，男人在谈论问题时，首先从问题的解决方案着手。男人认为自己已经是一个很好的倾听者了，不然，他们怎么能迅速地给出答案？

当男人急于给出解决方案时，他们会认为自己已经听清楚女人的问题了，正在对女人的需求做出回应。女人说他们没在听，这对他们毫无意义，因为他们认为：如果没听，我怎能给出答案呢？其实，男人错了，他们认为的解决方案只是女人想说的一部分而已。草率地给出解决方案，并不是女人想要的结果。在火星上，男人这种迅速给出解决方案的做法是能力的体现；但在金星上，却是对人的不尊重。任何时候，当女人说话时，在她们得到解决方案之前，她们都希望自己能被认真地倾听。男人如果还没等女人把话说完，草率地提出解决方案，自然就得不到女人的信任了。

> 在金星上，当女人开始讨论真正的问题之前，她们会先谈论一些不太相干的问题。

当女人认为"男人没有在听我说话"时，她们更准确的理解应该是：男人在听，就是没认真听。这种理解能使男人更加了解自己，女人更加理解男人。当女人感到自己被人重视时，她们就会感激"修理先生"所做的一切。

当男人认为女人就是需要解决方案时

当女人说话时,她们是想让男人提出建议,为她们自己的解决方案提供帮助的。当男人给出解决方案时,女人认为男人是对她们的能力有怀疑。男人相信自己一直在听:你看,我都给了你需要的解决方案。当女人认为男人没有在听她们说话时,更为准确的理解应该是:他们听了,但他们认为她们无法自己找出问题的解决方案。

当男人认为"你无法自己找出解决方案"时,女人啊,请注意,除非你能证明你自己得出答案的能力,不然,男人一直会认为你无能。当他们在众人面前迅速地提出问题的答案时,是时候采取行动了,你要迅速地做出回应,让他人知道你已经有了自己的答案。你可以这样挽回自己的面子:"我也有个类似的方案,但首先,我就是想让大家都意识到这个问题的存在。"

当一个女人在和她的男性上司单独会谈时,如果上司抢先给出答案,她可以这样委婉、客观地表达:"噢,我其实已经有了方案,我是想让你注意这个问题,并听听你的意见。"

当他给出了她准备提出的方案时,她可以这样说:"我也是这样想的,我们可以这样来解决这个问题,我和销售部门讨论过了,他们也都赞同这个方案。"

这样,她既让上司知道她已经有了自己的解决方案,又挽回了面子。

> 在火星上，谈论问题容易让人感觉你是在发牢骚和抱怨。

当男人提出解决方案时，意识到这一点很重要：男人其实真的不知道女人已经有了自己的方案。当男人讨论问题时，他们会在第一时间让你知道：我已经有了自己的方案。如果在谈话前，女人没有明确地表示已经有了自己的解决方案，男人就会错误地认为女人不能独立解决问题。这对女人来说不公平。这样，女人就会再次失去对男人的信任，并产生怨恨。理解到这些差异，当男女在谈论问题时，他们就能更好地理解对方。

当男人忘记女人叫他们做的事情时

当男人忘记女人叫他们做的事情时，女人会认为男人没有在听自己说话。

当女人认为男人没有倾听时，更准确的理解应该是：男人听了，但男人忘记了女人要他们做的事情，或者女人要求的事情不在他们的重点考虑范围之内。

记住他人的需求，在金星上尤为重要。对男人来说，只要记得做好一些大事，忘记一些小事是可以理解的。女人并不这样认为，在她们看来，记得小事就意味着你处处关心和考虑着他人。在金星上，记得小事，就意味着值得信任和能做大事。所以，记得女人提出的小事，会让女人感到男人对她们的尊重

Chapter 07 男人重视效率，女人重视倾听

和关心。

> 当男人忘记小事时，女人就会错误地认为自己被冒犯了。

当一个男人忘记小事而记得大事时，他是能得到其他男人的理解和支持的。其他男人不会感到被冒犯或有什么不对。女人的想法却不相同。当某人对她们很重要时，小事就和大事一样重要。

通常，女人在工作中比男人更容易感到压力。这是因为，她们过于注重细节，过于重视每件事情。她们希望小事和大事一起做，并都做好。男人则会对女人的这种做法持否定态度，认为她们无能。意识到男女之间的这种差别，和男同事相处时，女人就会更加放松。

> 在火星上，只要大事能得到解决，忘记小事不是问题。

女人可能会整夜做一件男人已经忘记的"小事"。对男人来说，女人这样做就是在浪费时间和精力，他们不会对女人所做的努力表示感激。她们却认为，自己的努力值得感激。

男人通常会认为女人做事不分主次。这种想法是不正确的。其实，女人做事也分主次，只是主次的内容不一样。男人本能

地将效率和成就作为重点，女人则将工作关系的质量作为重点。今天，这种差异的结合能使人们在工作中获得更大的成功。意识到男人忘记事情的原因，能减少女人对男人的敌意，也使她们在工作中更为轻松。

当男人没有按照女人的要求做事时

当男人没有按照女人的要求做事时，女人会认为男人没有在听她们说话。

当男人根据自己的意愿做事时，女人也会感到男人没有在听她们说话。对男人来说，他们听了，也做了他们认为对的事情。在这种情况下，当女人认为男人没有在听她们说话时，更准确的理解应该是：男人听了，但男人没有按照她们的要求去做事。

在火星上，男人通常会冒险做自己认为对的事情来赢得他人的尊重。如果这种冒险和直觉被证明是有效的，男人就会被看成英雄；如果失败了，男人就会被认为不负责任。在火星上，不是以是否顺从来判断男人，而是由男人"不顺从"的结果做判断。

女人经常抱怨男人不听话或不顺从，于是她们将自己跟男人对立起来。但男人对于女人的这种抱怨可能会这样想：嗯，女人或许是要考虑做那些自己认为更好的事情。为了和男人和谐相处，女人不应该将重点放在男人的"顺从"和自己的抱怨上。

Chapter 07　男人重视效率，女人重视倾听

当男人没有对女人做出富有同情心的回应时

当男人没有对女人做出富有同情心的回应时，女人会认为男人没有在听她们说话。

其实，这并不意味着男人没有听女人说话，他们或许只是没以女人能理解的方式来表露自己的情感。在这种情况下，当女人认为男人没有听她们说话，更准确的理解应该是：男人听了，但没有给出女人希望得到的、富有同情心的回应。

这对女人来说很重要：正确地理解男人的回应，并且不要对男人的回应产生敌意。男人或许理解她们的情感，但在男人的星球上，隐藏情感是他们展示信心和处理问题能力的方式。现在，女人应该知道：男人在他们的星球上就从不善于表达同情之心。

当男人打断女人说话时

当男人打断女人说话时，女人会认为男人没有在听她们说话。

男人经常打断对方的话语以便提出自己的见解，但从未感到自己没认真倾听。特别是当男人在一个令人兴奋的争议之处打断，或者是为了指出错误的时候，他们甚至以这种方式证明自己听得很认真。在这种情况下，女人认为男人没有在听她们说话，更准确的理解应该是：男人听了，但打断了她们的话。

男人之间的交谈有着不同的法则。这就像篮球运动一样，

·145·

打篮球就是为了进球。球员们会往返传球,直到球进了为止。进球时,没有人会去责怪这种传球行为;只有当球没进时,问题才会产生。当男人插话并提出自己的见解时,女人会感到被冒犯,男人也会很沮丧。男人还满怀期待,希望女人对自己说:"谢谢,好主意。"女人却在期待着男人的歉意。

> 当男人插话时,他们还会满怀期待,希望女人对自己说:"谢谢,好主意。"

还是像打篮球一样。当男人投篮时,己方的队员不会干扰他。在男女进行交流时,女人如果不喜欢这种往返的交流方式,就可以以这样一种友善的语调说:"抱歉,请给我几分钟让我全面解释我的观点。解释完后,如果你有什么建议,欢迎提出。"男人当然愿意接受这样的说话方式。这样,他们就会知道自己应该做什么。如果男人再次插话,女人还是以一种友善的方式来表达自己的意思:"好啦,好啦,等我说完之后,我会告诉你我想要什么的,到时候你再告诉我你的想法,好吗?"

这种友善的、让人容易接受的方式会让男女之间更好地相互理解和沟通。下面是当女人沮丧时常用的 8 种表达方式。态度决定一切。为了更好地体会下面的例子,请试想一个愤怒、充满怨恨的女人在说下面的话。

1. "能让我说完吗?"
2. "能让我继续说话吗?"

3."让我说话好吗?"

4."我就是要说完我的观点。"

5."你没有在听我说话。"

6."你没有听到我在说什么。"

7."我什么都不说了。"

8."你没理解我的意思。"

当女人用怨恨的语气说着上面的话时,男人就会觉得被冒犯了。对男人来说,他们认为自己在听女人说话,并且女人可以随时打断他们说话并提出自己的见解。男人感觉女人就像是在和一个傻瓜说话一样,感到自己很无辜。如果不了解这些差异,男人和女人就不会相互支持。

其实,当男人插话时,女人完全可以以一种礼貌的方式打断男人的话语,并且不要感到被男人的插话冒犯。最简单的做法就是:先听着,然后客气打断他,接着说出自己想要说的话:"好主意,但是……"或者:"好的,现在请让我……"这和"你没有在听我说话"之类的话有着很大的差别。尽管意思差不多,但男人接受的程度却有着很大的差别。

当男人把女人想说的话主动说完时

当男人把女人想说的话主动说完时,女人会认为男人没有在听自己说话。

当男人之间这样做时,他们一点儿都不会介意,还会认为"他已经完全理解了我的意思"。如果没有注意倾听,或没有理解,他就做不到这一点。但当男人这样对女人时,女人就会认为男人没有在听自己说话。在这种情况下,女人认为男人没有在听她们说话,更准确的理解应该是:男人听了,但听话的方式不是女人所需要的。

当男人理解了女人的意思,这还不够,因为女人的话还没说完,这不是她们所要的。当女人滔滔不绝时,她们的一些想法就会产生并得到丰富。

对男人来说,他们会认为自己说出了女人的心声,女人不应该那样对他们。但对女人来说,却不是这样,女人会认为男人是这么想的:"我已经知道你要说什么了,所以请别浪费时间,别打扰我。"这样,女人就会感到被冒犯、被轻视了。如果男人和女人能意识到他们之间的这种差异,他们之间的谈话就能顺畅进行并得到想要的结果。

当男人推测女人想要的东西时

当男人推测女人想要的东西时,女人会认为男人没有在听她们说话。

男人在听女人说话的过程中会推测女人的需求。男人推测失误并不意味着他们没有在听女人说话。尽管男人的这种做法在火星上能够让人接受,但在金星上它就是粗鲁的。在这种情况下,女人认为男人没有在听她们说话,更准确的理解应该是:男人听了,但他们推测女人的需求是不对的。

男人容易犯的另外一个错误是:他们会假想女人需要他们

Chapter 07 男人重视效率，女人重视倾听

的帮助，以决定女人自己想要的东西。女人或许希望男人多提参考意见和多问相关问题，而不是要男人为她们决定她们应该需要什么。

> 女人希望和男人谈论自己的需求，但她们不希望男人替她们做决定，除非她们要求男人那样做。

在火星上，如果男人认为某人是专家时，他们就会让此人为自己做出决定。通过问问题，男人知道他人有着更渊博的知识。这样，他们就希望知道这位专家的想法和决定。当女人向男人提出很多问题时，男人就会推测：女人需要他们的帮助，需要他们来告诉她们应该怎么做。

女人通常只知道男人不愿意采纳他人的建议，但这只在男人知道如何去做时才会发生。当男人向他人寻求帮助时，他们会认为对方的知识更为渊博，会非常容易接受对方的建议和决定。当男人认为某人是专家时，他们不会介意让他们眼中的专家来告诉他们应该如何去做。

举个例子。在医院里，一个女人通常希望医生多问问题，然后再回答她的问题。这样，她就知道自己应该做什么。那些不去推测女人所需的男医生更容易得到女人的信任。

但对一个男人来说，当他进入医生办公室之后，他所希望的就是医生能为他指点迷津，告诉他应该怎么做。如果医生说"这就是你应该做的……"，他不会感到被冒犯。相反，他还会

·149·

感激医生的帮助。

> 男人本能地会拒绝他人的帮助,但遇到他们认同的专家时,他们就会乐于接受专家的建议。

在男人的世界里,如果没有经过询问,男人就能知道女人的需求,那是一件多么浪漫的事情。但在职场中,女人希望的是:男人要做她们希望他们做的事情,而不是在她们面前指手画脚,告诉她们应该做什么。

另外,来自男人的压力也是女人不愿让男人告诉她们应该做什么的原因之一。直接地告诉女人应该做什么,在某种程度上来说,为女人带来了一定的压力。

请看下面的5个例子。

1. 他说:"这边的办公室就是你想要的。"

其实,他应该这样说:"这边的风景更好,你希望你的办公室在这边吗?"

2. 他说:"你要做的就是先把问题放在一边,然后慢慢解决。打电话给……"

其实,他应该这样说:"嗯,幸运的是,这个问题不是立即就需要解决的,你可以考虑慢慢解决。你可以打电话给……"

3. 他说:"这种打包的方式很好,这正是你车子需要的。"

其实,他应该这样说:"这个包裹里有你需要的每一样东西。这听起来不错,是吧?"

Chapter 07　男人重视效率，女人重视倾听

4. 他说："这个位置正是你想要的，它能满足你所有的需求。你可以……"

其实，他可以这样说："这是个很好的位置，它具有你需要的特点，来试一下吧？"

5. 他说："我周四下午可以过来向你做介绍，或者周五到你住的附近去也行。"

其实，他应该这样说："我可以周四下午来为你做介绍吗？我周四下午有空。或者周五也行，那时我在你家附近。"

在这些例子中，男人在女人没有做出决定时，就根据他们的推测给出了相应的答案。男人如果在表达时采用跟上面给出的建议类似的方式，就更容易赢得女人的尊重和合作。

当男人根据自己的推测为女人做出决定时，女人可以以友善的态度做出合适的回应。

1. 他说："这边的办公室就是你想要的。"

她可以这样回答："请问你为什么这么想呢？"等他回答后，女人可以这样回应："我还不是很确定，我还要考虑一下其他选择……"

2. 他说："你要做的就是先把问题放在一边，然后慢慢解决。打电话给……"

她可以这样回答："我还不确定是否要这样，但我现在还有一些主意，或许这些主意能起作用。"

3. 他说："这种打包的方式很好，这正是你的车子需要的。"

她可以这样回答："这的确很好，但在我决定之前我还想看

看是否还有其他更好的选择。"

4. 他说:"这个位置正是你想要的,它能满足你所有的需求。你可以……"

她可以这样回答:"很高兴你这么认为,但我还需要一些时间来考虑其他选择,我还不着急。"

5. 他说:"我周四下午可以过来向你做介绍,或者周五到你住的附近去也行。"

她可以这样回答:"谢谢,但我还没准备好。等我准备好了,很快还会和你继续谈的。"

女人可以通过这样简单的回答明确地告诉男人,自己还没有做出决定,这可以推翻男人的猜测,也不需要将男人拒于千里之外或否认他们的决定。上面的这些例子对那些容易误解男人的女人来说非常重要。

当男人推测自己知道女人的感想时

当男人推测自己知道女人的感想时,女人会认为男人没有在听她们说话。

男人经常会说:"我知道。"他们还常会误认为,他们这样做能得到女人的支持和信任。但在金星上,话没说完,你就不可能完全理解别人的意思。告诉别人"我已经知道了"容易引起别人的误解,她们会认为你是这样的意思:"我已经明白啦,你没必要再跟我讲了,继续向前推进吧。"男人认为他们已经理解了,因为他们一直在听。他们对造成的误会一无所知。

Chapter 07　男人重视效率，女人重视倾听

当遇到问题时，女人通常不会急于去寻找解决方案，男人则想立即去解决。当女人和男人讨论问题时，男人会认为女人是让他们帮忙解决问题。可不幸的是，男人这样做，往往会碰壁，因为他们不知道，女人想要的是他们耐心去倾听。

当男人说"我知道啦"，这意味着男人已经有了解决方案并愿意提供帮助。但女人会将男人的"我知道啦"理解成：我不想再听啦，我们要么采取行动，要么换个话题吧。

在这种情况下，女人认为男人没有听她们说话，更准确的理解应该是：男人听了，只是错误地推测了女人的感想。男人啊，请注意：当你们在说"我知道啦"时，如果时机不对，你们的好意就会被人误解。

其实，男人只要做出一点儿小小的改变，他们的好意就会被人接受。比如，在倾听时，时不时地点头并偶尔发出这样的声音："嗯……""哦……"在金星上，这种安慰的语调意味着：我在认真听你说话，并努力理解你的意思。

当男人推测女人应该有何感想时

当男人推测女人应该有何感想时，女人会认为男人没有在听她们说话。

男人通常会说"你不用担心"或"这没什么大不了的"。在男人看来，如果没听，他们就不会得出这样准确的推测。

在金星上，这样的说法是不会被人接受的。这样说，就表示你没有在认真听她们说话，没有真正关心她们。在这种情况

下，当女人认为男人没有在听她们说话时，更准确的理解应该是：男人听了，但不应该去推测女人的感想。

在火星上，男人通常会帮助自己的朋友消除消极情感，并建议他们不要太多地在意这些消极的东西。但在金星上，这些建议会引起很大的误解。在女人看来，情感是神圣的，表达情感就是在某种方式上对他人进行支持。

> 在金星上，情感是神圣的，表达情感就是在某种方式上对他人进行支持。

男人经常用下面的这些说法来支持那些身处压力之下的朋友。

1. "抱怨此事没有意义。"
2. "你就是反应过激了。"
3. "没什么大不了的。"
4. "别小题大做了。"
5. "事实不是这样的。"
6. "这没你想的那么糟糕。"
7. "让我休息会儿。"
8. "好啦，算啦，忘掉吧。"
9. "我们一起来做些有趣的事情吧。"
10. "好啦，我已经听够啦。"
11. "过去的事情我们就不要再谈论了。"

Chapter 07　男人重视效率，女人重视倾听

12."我们现在能换个话题吗？"

当然，聪明的男人不会和一个陌生人或客户去说这些话，只会对朋友这样说。一个更为聪明的男人也不会在女人面前说这些话，即使这个女人是他的同事并且和他关系很好。当男人这样说时，女人也应该意识到：其实，他们的本意是好的，也是为了提供帮助。

如果女人能意识到这些差异，她们就能更好地和男人进行沟通。下面是男女之间一些非常有效的对话（见表7-1）。

表7-1　有效的男女对话

他说	她可以这样回答
抱怨此事没有意义。	嘿，我就是发泄一下而已。
你就是反应过激了。	这只是暂时的啦。
没什么大不了的。	或许没什么大不了的，但让我再想想看。
别小题大做了。	好的，好的，我知道啦，我会好起来的。
事实不是这样的。	我知道，我就是想唠叨一下。
这没你想的那么糟糕。	你或许是对的，我很快就会好的。
让我休息会儿。	好的，等我讲完后，你可以休息会儿，3分钟就好。
好啦，算啦，忘掉吧。	我知道你很不愿意听这些，但我快说完啦。
我们一起来做些有趣的事情吧。	好的，没必要让我们都难过，现在开始干活。
好啦，我已经听够啦。	坚持一下，再给我3分钟，让我好好发泄一下。

（续表）

他说	她可以这样回答
过去的事情我们就不要再谈论了。	好的，等我说完后我马上就停止。
我们现在能换个话题吗？	好的，我想你真的是听够了。

当然，这种诙谐幽默的回应不是在所有场合都会起作用。不过，在轻松的工作氛围中，在私人交谈时或在集体回忆中，这种回应通常都会起到良好的效果，会让人感到轻松、愉悦。

当女人话还没说完，男人就改变话题时

当女人话还没说完，男人就改变话题时，女人会认为男人没有在听她们说话。

在金星上，女人会尽力地让对方多提问题，以便对方更多地参与其中。当对方问问题时，说话者就会知道她们在仔细倾听，这样双方的交流就会更加通畅。女人是这样想的：如果男人认真听了，他们就会说更多的话，问更多的问题。

女人通过询问更多的问题来表示她们的理解。

男人通常不会注意到女人的这种想法，他们会错误地认为，女人已经表明了自己的观点，话题已经结束了。如果男人不问更多的问题，女人就会认为，男人对她们要说的没有兴趣。在这种情况下，女人认为男人没有在听她们说话，更准确的理解应该是：男人听了，但错误地认为女人的话题已经结束了，也没有意识到女人要他们询问更多的问题。

在职场中，女人能够理解这一点对她们很重要：男人会在对方做出停顿或留出时间提问之前，就提出自己最有说服力的观点。如果女人没有这样做，男人就会认为她们不称职或者无能。当女人在男人面前提出自己的观点时，女人需要知道：男人会对她们开始时提出的观点进行评估，并且如果女人不先提出自己的观点，她们就容易被男人误解。

当女人用一些非常明确的问题来引起男人提问时，男人就会感到被冒犯，甚至认为女人很愚蠢。请看下面一些容易引发误解的例子。

1. "所以，你是说……？"
2. "你的意思是……？"
3. "这真的是……？"
4. "这怎么会……？"
5. "你是在开玩笑吧？"
6. "说……有什么意义吗？"
7. "最有效的办法是……吗？"
8. "我能不能这样总结，……？"
9. "我听你的意思是……，是这样的吗？"
10. "如果……，你会说什么？"

这样问问题，女人会感到支持，可男人会感到被冒犯。我们再看看下面这些例子。如果女人对上面的这些句子稍作改变，她们获得的效果就会大为不同。

1."这真的很有帮助，你是说……？"
2."这真是个好主意，你的意思是……吗？"
3."我都没想过这一点，这真的是……吗？"
4."我真的很吃惊，这怎么会……？"
5."谁会想到这一点呢，你不是开玩笑吧？"
6."你就是我想交谈的对象，说……有什么意义吗？"
7."你肯定是对的，但最有效的办法是……吗？"
8."这完全正确，我可以这样总结吗，……？"
9."真是个好主意，我听你的意思是……是这样的吗？"
10."真棒，如果……，你会说什么？"

在日常工作中，如果男女双方都能注意到这些差异，他们就会更加相互理解彼此，就会获得更多的支持和尊重。

Chapter 08

男人重视规则，女人重视态度

在充满竞争的工作环境中,男人习惯用一套不成文的规则来为人处事。通过遵循这些规则,男人在工作中表现出来的行为通常是客观的、与个人无关的。工作以外的时间里,你们或许是朋友;但在制定决策时,男人通常就会将获得成功需要的因素放在首要地位。

女人往往遵循一套以增强关系为核心态度和习惯的规则。这种为人处事的方式在培养孩子上会起到很大的作用。职场中,这种方式还会创造更多的和谐、合作的氛围。当客户在同等条件下面临抉择时,他们会倾向于和他们关系较好的一方。在这种情况下,个人关系就起着决定性的作用。

> 个人关系有时在生意上会起到关键性作用。

当今的工作环境发生了很大的变化。在缺乏沟通和抉择的环境下,火星上古老的规则会起到很大的作用;但现在,这些古老的规则已经不合时宜了。除非男人打破陈规,否则,在激烈的竞争环境中,男人容易处处落伍。随着科技的发展,员工和客户有着越来越多的选择。在千变万化的竞争环境中,为了保持竞争力,男人和女人就需要对火星上的规则和金星上的态度与价值观进行整合和平衡。

Chapter 08　男人重视规则，女人重视态度

> 除非男人打破陈规，否则，在激烈的竞争环境中，男人容易处处落伍。

火星上的规则通常与金星上的态度和习惯背道而驰。在火星上让人接受、令人尊重的规则在金星上却让人无法理解。了解了火星上的规则，女人就能在男人占主导地位的工作环境中脱颖而出。

在职场中，男人和女人要和谐相处，相互了解彼此的差异就显得尤为重要。如果男人和女人能相互信任、相互支持和相互尊重，他们就都能在工作中创造出更大的成就。

在职场中，如果女人要适应男人的规则，她们就需要做出很大的改变。当女人不了解男人的规则时，她们面临的挑战就显得尤为明显了。这些规则不具有保密性，男人不会刻意地向女人隐瞒这些规则，只是未以语言的形式明确地表达出来。除非女人在家中和很多兄弟一起成长，不然，她们很难破解这些规则。

有些女人似乎自动就能破解这些规则，那是因为她们天生男性荷尔蒙水平较高。从本能上说，她们对男人的规则更为了解。这些女人通常在工作场所中表现突出。但对于大多数女人来说，她们还需要进一步对男人的规则加以了解和学习。

> 如果女人的男性荷尔蒙水平较高，她们在工作中

就会表现突出。

请试想一下这样的情形。

当你在不知道规则的情况下去打篮球,你就会四处碰壁,到处犯规(无师自通的情形毕竟属于极少数)。面对这样的情况,你茫然不知所措,甚至不知道自己失败的原因。然而,你还会面临更坏的情况:由于你的失误,你所在的球队将会面临很大的危机。

不管你多么才华横溢,不管你多么努力,如果不懂规则,你就不会成功。

如果不了解男人在工作中的规则,女人就会认为男人傲慢、苛刻、冷漠和无礼。根据她们的想法,男人本应该是善良、慷慨、宽容和细心体贴的。如果女人不了解男女的这些差异,就算男人表现出来女人希望的性格,女人也不会有所体会。

Chapter 08　男人重视规则，女人重视态度

职场上，火星人的规则与金星人的态度共存

当我们尊重旧事物并为新事物的发展预留空间时，我们的生活就会变得多姿多彩，成功就会出现在生活中的各个领域。这种不同价值观的融合就是成功的秘密所在。

> 火星人和金星人价值观的融合，就是成功的秘密所在。

火星人古老的规则需要更新。这个过程或许需要很长的时间。同时，你如果知道打篮球的规则，至少就会知道自己犯规的原因。如果别人不想你加入他们的队伍，你至少不会对他们的做法产生敌意。他们这样做，只是因为你不愿意接受他们的规则而已。

虽然工作环境有时看起来并不公平，但我们也能找到支持、尊重。不完美的工作体系是由一些不完美的人创造的。追求完美，只会让你备感失望。你可以选择是否按规则办事，选择权在你自己手上。如果试图改变规则，你首先就要尊重规则。改

变规则的唯一办法就是与规则共存。敌视规则只会让你自己边缘化。

火星人的规则与金星人的态度和习惯，不分上下，一个不比另一个强。它们只是不同而已。它们都有自己起作用的环境。当环境改变时，这些规则、态度和习惯就得做出适当的调整。那些能适应这些变化的人往往会出人头地。

> 那些能适应职场环境变化的人往往会出人头地。

尊重和感激火星人的规则、金星人的态度，和谐就能产生，一套更好的规则和习惯也会相应产生。

双赢：融合火星人和金星人思维模式的职场新规则

在火星上，火星人的生意规则有时与体育运动的规则是一样的。在竞技场上，他们相互竞争，力争击败对手，获得胜利。只要有规则可循，一切就都很公平，很少有人会对竞争对手产生敌意。竞赛的目标就是尽最大努力从而获得胜利。比赛结束后，他们可能是最好的朋友；但比赛时，他们就会相互抗衡，尽力击败对手。他们关注分数，当获得胜利时，他们心中充满喜悦。

在射箭、保龄球和高尔夫球之类的运动中，你不会面对面地和对手抗衡；但在网球、篮球、足球、拳击等运动中，你就会积极地和对手竞争。火星上的规则更适合这些运动。效率、成就在金星人眼中显得非常冷酷，但在火星人眼中显得尤为重要。你需要尽最大努力击败对方，没有人希望对手获胜。

体育运动就是一场技能和才华的比拼，必然有人胜利，有人失败。这些竞争激烈的体育运动反映出了火星人的规则。这些规则能让男人心平气和地参与这些运动。他们在击败对方的同时而不会对对方造成伤害。对他们来说，这样的竞争很公平，即使输了,也不会让人感受到敌意。如果遵循规则,他们就会在击败对手的同时也获得荣誉。如果不遵循规则,即使赢了,他们也会失去荣誉。

> 运动中的规则使得男人能公平地参与竞争,即使输了,也不会对竞争对手产生敌意。

这和金星人的习惯做法不同,她们按照不同的规则参与竞争。在她们的竞争里,她们并不将获得胜利的人视为威胁,自我牺牲和无条件地付出是她们的规则。每个人在付出的同时获得回报。

这种付出的精神在金星上受人推崇,但在运动场上和火星人的工作场所中却行不通。你如果不断地将球传给对方,就会输掉比赛。只有控制住球,并进行有效的投篮,你才能获得胜利。这种直接的对抗是公平的、友善的,因为每个人都有同样的机会获得胜利。在这种情况下,最优秀的、技能最好的对手将会获胜。

在金星人居多的职场里,火星人如果要获得金星人的信任和尊重,就必须按照金星人的习惯行为处事。比如,在金星人的商业圈里,有时获得客户支持的方法就是向客户推荐那些质量更好、价格更低的东西。这样,她们就会体会到你的关怀,就会更多地支持你。

随着越来越多的金星人参与到工作中来,火星人的规则也在不断地发生变化。古老的"我赢你输"的思维模式渐渐地被一种全新的双赢模式替代。当然,公司之间会有激烈的竞争,但在员工之间、管理层和员工之间、服务提供方和客户之间,双赢模式就占据着主导地位。双赢模式也是火星人和金星人思维模式的融合。尊重火星人和金星人之间的差异,你就会在工作中获得更多的机会和成功。

会议争论的背后是什么

当男人在开会时，他们可能会进行激烈的争论，但很少有人会因为这种争论对他人产生敌意。在争论中，他们或许会感到沮丧、愤怒、失望和焦虑，但这种情感不会针对个人，就是他们自己也不会感到被冒犯。

午餐时，他们会聚在一起谈天说地。他们这样做，就是在向大家释放明确的信息：生意归生意，朋友归朋友，两者不能混在一起，他们不会因为会议上的争论而对他人进行人身攻击。

> 争论结束后，男人又会聚在一起谈天说地，没人会因为争论而感到被冒犯。

当一群来自不同部门的女人聚在一起争论时，现场会呈现出另外一番景象。在职场中，女人通常会推销自己的观点，如果她们的观点未被人接受，她们的压力就会增加。

到午餐时间时，她们不会像男人一样聚在一起谈天说地，而是会分头行动，和各自的支持者继续讨论刚才发生的事情。

Chapter 08 男人重视规则，女人重视态度

这样，她们就能在一定程度上释放压力。

在一次充满争议的会议中，当男人和女人聚在一起时，女人的压力就会急剧增加，男人会无意识地让女人感到被冒犯。这时，女人就会以一种愤怒、沮丧、失望、焦虑和不信任的方式对男人进行回击，与男人敌对起来。这样，女人在男人眼中的形象就会大打折扣。

男人和女人眼中的职场公平

当人们在职场中寻求平等时，他们通常会要求更高的工资、更多的机会和更大的权限。看到他人获得了更多的回报，你往往也会跟着索取，因为你要和他们一样，你要公平。但在职场中，每个人获得的薪水和权限不同，这种差异也会永远存在。只有了解职场的运营模式，我们才容易争取到升职加薪的机会。否则，只会让自己在敌意和怨恨中虚度年华。

在自由的经济体里，我们通过竞争来获得更多的回报，没有人可以坐享其成，只有付出才能得到回报。我们的薪水或价值由供应和需求来决定。如果需求增多，供应有限，你的价值就会提高，你也会获得更多的尊重。比如，如果你是整个公司唯一会修电脑的人，你就会引起很多同事的注意，享受众星捧月般的待遇。但如果公司里会修电脑的人很多，你只是其中的一员，你或许就不容易引起他人的注意。

在职场中，没有免费的午餐，只有付出才能获得回报。

Chapter 08 男人重视规则,女人重视态度

如果女人能了解男人的思维模式,并做出一些相应的改变,她们就能轻松地得到男人的尊重。男人不会尊重那些违反他们规则的行为。

> 在职场中,尊重必须靠自己去争取。

这看起来似乎不公平,因为女人的行为处事必须按男人的模式进行。但男人也面临着同样的问题。他们要获得女人的信任和支持,也必须按照女人接受的方式来调整自己的行为。

理解火星人的规则,对那些失去男同事尊重的男人也会有所帮助。如果一个男人从小和一些女孩生活在一起,很少参加体育运动,并和母亲很亲近,有时他就不会按照火星人的规则做事。同样,如果一个女人从小和一些男孩一起长大,经常参加运动,并和父亲的关系很亲近,她就更能适应火星人的规则。

了解异性的思维模式

让我们来对火星人的规则进行总结,并将其与金星人的态度和习惯进行比较。记住:它们只是有区别,本身是平等的。这样,我们就能更好地理解男女的差别和他们产生误解的原因(见表8-1)。

表8-1 火星人的规则与金星人的态度

火星人的规则	金星人的态度
只在有解决方案时,才去讨论问题。	有问题,就需要讨论。
用最少的词语表达最主要的意思,这是能力的体现。	分享和交流经验,这样能促进友谊和增进感情。
要充满自信,善于表现。	不要抢风头,这样会产生分歧。
分享情感是懦弱的表现,敌人会以此来攻击你。	分享情感能增加信任和获得支持。
一直都有答案,一直都很坚定。	不要推测你有最佳答案,让别人也参与其中。
收敛情感:保持冷静,别人就会更多地尊重你。	表露个人情感,以便增加信任和获得支持。

Chapter 08 男人重视规则，女人重视态度

（续表）

火星人的规则	金星人的态度
只有在真正需要时，才会寻求帮助。通过独立来被他人评估和尊重。	付出和给予能帮助增强协作和友好关系。
自己争取自己想要的，如果不争取，就什么也得不到。	通过自己的努力去履行自己的承诺，别人就会自动地注意到你的付出，并主动奖励你。
效率规则：不要做那些没必要做的事。如果要做更多的事，你就要确定你能得到补偿。	黄金法则：积极地为他人付出，付出越多，收获就越多。
为你的付出争取回报，并让别人知道你的付出。提升自我，别人也会为你的提升提供帮助。	感谢那些帮助你的人。提升别人，别人也会为你的提升提供帮助。
生意归生意：让结果来判断你的决定。	你为我挠痒，我也会为你挠痒。记住你的朋友，你的朋友也会记住你。
结果比过程重要，成功由结果判断。	成功就像旅行，不是最终目的。你做什么、取得什么样的结果不重要，重要的是你如何去做。

理解了这些差异，你就能和异性更好地进行沟通。如果和一个女人或一群女人共事，你就要考虑她们的思维模式。同样，如果和一个男人或一群男人共事，你也要考虑调整自己的行为，以便更好地相互理解和获得尊重。

女人为什么不主动索取支持

在职场中,如果你没得到你想要的支持,其中一个重要原因就是:你的要求还不够多,或者你要求的方式让人无法接受。在寻求支持时,男人和女人的方式完全不一样。男人通常不愿意向他人寻求答案,而愿意索取更多的回报。向他人寻求答案意味着自己没有能力独立解决问题,索取更多的回报则意味着自己有能力,值得获得更多。女人通常会倾向于同时索取支持和回报,但她们索取的方式经常被男人忽视或误解。

女人在寻求支持时,有时表现得过于直接,让男人感到她们是在下命令。这时,男人就会表现出不耐烦或不尊重。如果能以一种合适的方式索取支持,就能从异性那里获得更多的帮助和协作。

女人通常会错误地认为,她们没必要直接向男人索取支持。因为在金星上,大家相互理解,不用对方提出,她们就会主动提供帮助。女人对别人越尊重,越感激,越关心,就会越主动地向对方提供帮助。于是,她们错误地认为男人也会像女人一样具有敏锐的洞察力。当男人没有注意到女人的需求或没有及

Chapter 08 男人重视规则，女人重视态度

时为女人提供帮助时，女人就会错误地认为自己没有得到应有的尊重或感谢。

> 女人不主动索取支持，她们就会失去支持；男人不主动提供支持，他们就会失去女人的信任。

女人习惯于用两种方式间接地索取支持：付出或表达消极情感。在火星上，光靠付出来获得回报是不够的。当女人兴高采烈地、不求回报地付出时，男人会认为女人不需要帮助，她们已经得到了她们想得到的。除非女人直接向男人提出帮助的请求，否则女人在表达消极情感时，男人或许只会提供建议而不会提供帮助。

> 当女人兴高采烈地、不求回报地付出时，男人会认为女人不需要帮助，她们已经得到她们想要的了。

当女人不直接索取帮助时，男人会错误地认为她们不需要帮助，她们已经得到自己想要的了。有时，男人还百思不得其解：当她心烦意乱、不知所措时，她怎么就不主动向我索取帮助呢？同时，女人也会不解地想：他怎么就不主动向我提供帮助呢？这样一来，男女之间的误解就产生了。

男人对主动帮助持保留态度，并不是因为男人不愿意主动去帮助，而是男人在礼貌地等待着女人提出需求。记住：在火

星上，主动向他人提供帮助是不礼貌的。如果女人不主动直接提出，男人就会错误地认为女人想要自己独立解决问题。为了从男人那里获得更多的帮助和支持，女人需要仔细研究直接索取的艺术。这对她们的事业会有很大帮助。

男人如何主动向女人提供帮助

今天,男人在工作中出人头地的一个重要方式是:获得女性同事、经理、员工、客户的尊重和赞赏。若能以合适的方式向女人提供支持,男人就会更快地获得赞赏。说"当你需要时,请随时告诉我,我会很乐意为你提供帮助的"是远远不够的。对女人的需求主动出击,效果会更好。

男人通常会问女人是否需要帮助,而不是主动向女人提供帮助。他们可能会这样想:她或许需要帮忙整理表格。如果她还没做完的话,我可以帮她的忙。这时,男人不仅不主动出击,还会这样问:"你的表格整理完了吗?"在男人明确知道女人需要帮助前,他们是不会主动出击的。这就是男人的做事习惯。如果冒昧地向他人提供帮助,就意味着认为这个人不能独立完成任务。

男人这样问女人的方式可能会引起女人的敌意。如果当时女人身处压力之下,并为整理表格的事情烦恼时,男人的这个问题听起来就会像在催促她们做事一样。这时,女人可能会对男人做出这样的回应:"管好你自己的事就好了。"

为了避免这种误会，男人可以这样说："我能帮你整理表格吗？"或者男人还可以这样主动出击："那些需要整理的表格呢，我现在有时间，让我来整理吧。"男人用"我能"或"让我"之类的词能让女人更容易接受他们的帮助。

> 男人用"我能"或"让我"之类的词能让女人更容易接受他们的帮助。

男人啊，请注意：女人不会直接向你提出帮助的要求，她们或许还在那儿等着你主动向她们提供帮助。问女人"是否需要"和直接出击完全是两码事。在向女人主动提供帮助时，请注意你的措辞。女人如果不愿意接受帮助，可能就会这样说："不用，谢谢。"

> 女人如果不愿意接受帮助，可能就会说："不用，谢谢。"

当男人主动向女人提供帮助时，不应该说"你需要我的帮助吗"，而应该说"让我来帮你吧"。男人做出这样小小的改变，女人就会更容易接受男人的帮助。除此之外，男人还能获得更多的赞赏。当男人说"你需要我的帮助吗"，女人通常会口是心非地回答："不用，谢谢。"在她们的星球上，她们的真实意思其实是："我不想过分要求你的帮助，但如果你有时间的话，我

Chapter 08 男人重视规则，女人重视态度

会感谢你的帮助。如果你继续坚持要帮我的话，我会接受你的帮助的。"

> 当男人说"你需要我的帮助吗"，女人通常会口是心非地回答："不用，谢谢。"

当女人要向他人提供帮助时，她们会本能地主动参与并开始行动。在金星上，她们更愿意做协作者。在这种合作的范围内，帮助是受欢迎的。她们在提供帮助时不会说："你需要我的帮助吗？"

了解了男人和女人在向他人提供帮助时的差异，男人在主动向女人提供帮助时就要特别注意什么样的话该说，什么样的话不该说，什么样的话可能会引起女人的误解。表8-2就展示了相关方面的例子。

表8-2 提供帮助时，该说、不该说及女人可能误解的情况

直接提供帮助时，请说	间接表示可以提供帮助时，请不要说	当男人不直接提供帮助时，女人可能这样理解
让我来帮你吧。	你需要我帮你整理表格吗？	如果你需要我会帮你，但我还有其他事要做。
今天你可真忙，让我来帮你整理表格吧。	你需要我的帮助吗？	我有很多事情要做。如果你真的很需要我的帮助，我会帮你的。

（续表）

直接提供帮助时，请说	间接表示可以提供帮助时，请不要说	当男人不直接提供帮助时，女人可能这样理解
我有时间，让我来帮你整理表格吧。	我该怎样帮你呢？	你今天注意力不集中，如果你真需要我的帮助，我可以帮你。
让我来帮你整理吧。	你整理完了吗？	你现在就应该整理完的。
我能建议你明天再整理这些表格吗？我们现在不急着用。	你为什么不明天再做呢？	你真不知道主次，明天做就好了。
你今天真忙，让我叫汤姆来帮你吧。	你叫汤姆帮你整理了吗？	你真不善于合作和从别人那里得到帮助。
你还有很多电话要打，让我来帮你吧。	为什么不先打电话呢？这些表格我可以为你整理的。	看来你不知道怎么做，让我来教你吧。
我有多余的时间，我能帮你整理吗？	你有时间整理完这些表格吗？	你花的时间太长啦。

Chapter 08　男人重视规则，女人重视态度

女人直接索取帮助的五大法宝

在索取更多的帮助时，女人通常会感到不舒服，总觉得这样会有冒犯他人的风险。为了规避这样的风险，女人在需要帮助时喜欢采用暗示而非直接切入的方式。遗憾的是，并非每个人都是女人肚子里的蛔虫，尤其当她们暗示的对象是男人的时候。一看暗示无果，女人开始还会忍受，可问题一直没有解决。结果，直到怨恨在心中泛滥的时候，女人才直接提出自己的要求。这时，女人已经感到不舒服，其要求的语气也变得让男人难以接受。如果女人以一种怨恨的语气提出要求，她们在男人眼中的形象就会大打折扣。

为了在工作中获得更多的尊重，女人需要认识到直接索取的重要性，并对自己的思维方式做出相应的调整。在火星上，如果不主动索取，你就将无法得到你想要的东西。为了获得更多你所需要的帮助，你需要主动索取，并多次索取。但这做起来并不是那么简单。当你主动索取时，索取的艺术就显得尤为重要了。女人要想直接索取帮助，就要掌握下面的五大法宝。

选择合适的时机

请不要叫男人去做那些他们正在计划做的事情。比如，当一个男人正在忙于写报告时，如果一个女人问他"你今天能为我写完报告吗"，他就会感到不满，就会认为自己被控制了，自己所有的努力没有得到应有的肯定。如果她想确定他能否按时完成任务，她可以这样说："你觉得今天你能做完吗？"

合适的时机在任何时候都很重要。如果一个男人在集中精力做某事时被一个女人打扰，他就会出现抵触情绪。这种抵触不是针对她个人，而是针对她对他的打扰。并不是他不愿意满足她的需求，只是他不愿意停止他正在做的事情。当他暂时停止手头上的事情或已经转移注意力时，这个时候就是问他问题的最佳时机。

如果她必须要打扰他的话，她就可以用一个简单的抱歉来消除他的抵触情绪。当他发牢骚时，她可要格外小心了，不要将他的抱怨敌意化。如果她能忽视他的抵触情绪，他就会更加愿意接受她的请求，在未来也会更愿意为她提供帮助。

采取合理的态度

请求不是强求。男人不喜欢强求和最后通牒。女人同样不喜欢强求，但如果这种强求有合理的情感、理由支持时，她们也会尊重这种强求。男人和女人在这一点上有很大的区别。当男人正集中精力做某事时，如果有人强行占用他们的时间、注

Chapter 08 男人重视规则，女人重视态度

意力或资源，他们就会感到很愤怒，就会尽力去抵制对方的需求。

当男人和女性顾客、同事、经理或员工打交道时，他们应该注意：当女人提出自己的请求时，她们需要有人去认真倾听，而不是抵制。这样，男人就能获得女人更多的赞赏。另外，如果女人希望男人有效地满足自己的需求，她们应该以男人能接受的方式去索取。

女人通常喜欢为他人主动付出，习惯用自己的付出来换取回报。如果没有得到自己期望中的支持或服务时，她们就会产生怨恨和敌意。在这种情况下，她们再提出要求时，要求就更像是强求。这只会让男人感到被冒犯，从而使女人一无所获。让我们来看看下面的例子。

卡罗尔做完了网站设计，接下来要将网站和新的服务器进行对接。在组装服务器时，她遇到了一些问题，于是打电话向客服寻求帮助。没想到客服很没耐心，她一无所获。她对客服的态度感到非常生气，一时没控制住自己的情绪挂断了电话。

等冷静下来之后，她突然意识到，客服是个男人，并且可能对自己产生了误解。卡罗尔觉得自己应该综合考虑火星人和金星人的特性，用一种合理的态度，对，一种非强制性的态度，向客服打电话求助，而且她自己要给他人一定的支持。

想明白其中的节点之后，卡罗尔再次拨通了客服的电话。她先是真诚地对客服表示了感谢，接着又以一种友善的态度对他说："刚才我真的遇到了很棘手的问题，不知道你是否愿

意帮我的忙。我对电脑真的不太懂。"

这时，事情出现了一百八十度大转弯。原来对卡罗尔非常不耐烦的客服变得非常热情，非常乐意提供帮助。最后，他告诉卡罗尔："如果你再有什么问题，请随时给我打电话；如果我不在，请找埃里克。"

为什么客服会对卡罗尔的态度发生了如此大的变化呢？因为卡罗尔首先转变了对客服的态度。这次，卡罗尔成功地让客服感到了他的重要性，感到了他的努力能被人认可，感到了他的方式能让他人接受。这样一来，他就非常愿意为卡罗尔提供帮助。

使用简洁的语言

当寻求支持或帮助时，请不要给出男人应该提供帮助的理由。过长的解释会让男人感觉你对他们提供的支持不信任。男人会认为你在试图说服他们向你提供帮助。可事实是，你越试图说服他们，他们就越不愿为你提供帮助。男人不喜欢长篇大论的理由或解释。

女人这样长篇大论地说出自己需要帮助的理由，是因为她们错误地认为男人不愿为她们提供帮助。要不，为什么他们不主动提供帮助呢？这种错误的认识往往会使女人备受打击。其实，简洁的语言比长篇大论更为有效。当你向男人提出需求时，请尽量做到言简意赅，除非男人需要理由，你再去解释。否则，你就会空手而归。

Chapter 08 男人重视规则,女人重视态度

主动出击

当女人需要帮助或支持时,她们会首先提出问题,而不会主动出击。因为在金星上,她们不用主动出击,别人就会主动提供支持。但在火星上,情况却不是这样。只有当女人直入主题,并用简洁的语言将自己的需求表达出来时,她们才能获得男人更多的支持。有时,间接的请求也是可以的。当女人没有获得自己期望的需求时,她们就可以更为直接、更为主动些。这样,她们就会有更大的收获。

如果女人没有以一种直接的方式表达自己的需求,男人就可能会这样想:她在强求,批评,责备。男人的误解会让他们更不愿意满足女人的需求。

表8-3是女人在索取帮助时应该采取和要避免的说法。

表8-3 女人在索取帮助时应该采取和要避免的说法

简单直接,她应该这样说	避免间接,她不应该这样说	当女人间接表达时,男人可能会这样想
你愿意处理这个订单吗?	我要去取票,没时间来处理这个订单。	你应该去取票,不然你就是不支持我。(强求)
你愿意复印这些文件,并在下午5点前送出吗?	这些文件需要复印,下午5点前将它们送出去。	这是你应该做的,我不用再提醒你吧?(期望)
你愿意跟进一下有关包裹的问题吗?	包裹还没到。	你没有关注包裹的问题,你应该更加负责任些。(批评)

（续表）

简单直接，她应该这样说	避免间接，她不应该这样说	当女人间接表达时，男人可能会这样想
你们部门会负责做这些改变吗？	你们部门应该为这些改变负责。	这是你的错。（责备）
你负责处理这事儿吗？我们需要尽快解决它。	这一点儿用也没有。	我对你的工作不满。（不满）
你愿意处理这个问题吗？我不知道怎么去做。	这个问题很严重，我真不知道应该怎样去做。	你没有组织好，你应该更负责些。（拒绝）
下午3点时，你愿意来拿这个东西吗？我正在做。	我现在应该完成的，可是我实在有太多的事情要做。	你应该做这件事的，因为没有其他选择。如果你不做，你就是不负责任。（义务）
打印纸用完后，你愿意再放些打印纸进去吗？	你又把所有的打印纸用完了。	你又忘了添加打印纸，你没有听我说话。（不赞成）
你愿意安排一下时间来讨论这事吗？下午4点怎样？	我们现在还没讨论这事儿。	你没有尊重我的需求，你应该更积极些。（怨恨）

使用准确的词语

在寻求支持和帮助时，女人最容易犯的错误就是：用"能否"替代"愿意"。"你能处理这个问题吗"这句话更多地像是在收集信息。而"你愿意处理这个问题吗"就是一个直接的请求。

Chapter 08 男人重视规则，女人重视态度

女人通常用"能否"来表达"愿意"的意思。因为，在她们的星球上，这种间接的问句更礼貌些。如果偶尔运用这种间接的问句，可能不会引起他人的注意；如果不断地用，就会激怒男人。或许他们也不知道自己为什么不愿意听，但他们就是不喜欢这样的问句。在大多数情况下，如果女人以间接的方式提出需求，男人就会很容易忘记。

对于男人，说"愿意"好过说"能否"

在我的研讨会上，我已经成功地对数千个女人进行了培训。我教她们直接索取的艺术，她们都从中受益匪浅。如果女人以一种男人能明确理解的方式来向男人提出请求，男人的回应就会完全不同。

下面是无数个成功的例子之一。

凯利是一家公司的前台，她发现公司里的男性销售代表一直让她很苦恼。她要下午5点准时下班，因为她还要去接自己的孩子。她需要销售代表们将他们的文件在下午4点前送到她那里。这样，她就能在下班前将工作做完。尽管她一次又一次地要求他们准时送到，可是他们要么置之不理，要么总是忘记此事。

在学会了直接提出自己的需求后，她立即得到了不同的结果。开始，她像其他大部分女人一样，习惯用"能否"而不是"愿意"来提出需求。后来，当她用了"愿意"，她的要求就马上得到了满足。

"能否"意思就是"你是否有这个能力"。当你用"能否"时，

Chapter 08　男人重视规则，女人重视态度

男人可能会不假思索地回答你的问题。然而，当你用"愿意"时，男人就会停下来仔细考虑清楚。他们这时可能会这样说："嗯，让我想想，我愿意这样做吗？我为什么要这样做？如果我不做，会发生什么呢？"

> 对男人来说，"能否"更像个问题，而不是请求。

当女人用"愿意"时，男人不会马上就做出正面回应。在做出回应之前，他们需要考虑几分钟。对女人的请求考虑得越多，他们就会越多地履行自己的承诺。

当男人对"愿意"做出正面回答时，他们就像做出了承诺。当他们对"能否"做出正面回答时，他们就是在简单地回答问题。即使他们当时还记得女人的需求，不久也会忘得一干二净。

> 当男人对"是否愿意"做出正面回答时，他们就像是做出了承诺。

凯利意识到，当女人用"能否"时，男人经常会忘记自己的请求。当她用了"是否愿意"后，她立即就有所收获。这是因为，销售代表在考虑凯利的请求之前，会花时间来仔细考虑他们能否在下午4点前准时将文件送过来。

"能否"和"愿意"之间有很大的区别。在她使用"愿意"后，

·189·

在99%的情况下，他们都会在下午4点前将文件准时送达。"愿意"的使用，不仅使凯利的工作更为轻松，还使行政人员和销售人员之间的关系得到了缓和。

Chapter 09

设立界限，赢得异性尊重

在职场中，期待他人接受你所有的需求、意愿是幼稚的一种表现。如果将这样的期待寄托在那些价值观与你完全不同的人身上，就显得更加幼稚。无论是男人，还是女人，要想在职场上取得更大的成功，与异性实现相互理解和尊重都是非常重要的。设立界限即是获得异性尊重的一个重要方式。需要特别注意的是，你应该以一种他人能理解的方式设立界限，不然你的界限不会得到他人的尊重。

> 除非他人理解你的界限，不然他们不会尊重你的界限。

在日常工作中，男人和女人是以不同的方式说"不"和设立界限的。遗憾的是，男人通常都听不到女人说"不"，并以一种女人无法接受的方式为人处事。尽管女人在她们的星球上都有明确的界限，但男人却得不到女人界限的准确信息。另外，当男人表示愿意支持时，女人听到的就是"不"。

男女之间的相互理解，对他们在工作中获得更大的成功和尊重尤为重要。为了得体地尊重女人，男人需要准确认识女人设立的界限。否则，他们就容易误闯禁区，失去女人的信任和支持。若能尊重女人的界限，男人就会自动获得女人的信任和

Chapter 09 设立界限，赢得异性尊重

支持。

> 为了得体地尊重女人，男人需要准确认识女人设立的界限。

另外，女人需要了解她们被忽视的原因，并向男人传递明确的信息。女人或许自认为她们已经向男人表示清楚了，可男人就是无法理解女人的真实意图。如果男女双方都能清晰地理解各自设立的界限，他们就能在工作中给予或获得更多的支持。

火星和金星上的不同边界

金星上的竞争比火星上少,合作比火星上多。在金星上,当他人与你合作时,设立界限显得不是那么重要;当没人与你竞争时,设立界限也没那么重要。有时,设立界限甚至会被认为是对人的不礼貌。

当女人对界限越来越敏感时,如果男人说"是""可能""过会儿",她们就会认为男人在说"不"。当女人感到男人的抵触时,她们要么放弃寻求支持,要么强求支持,因为她们听到了强有力的"不"。但在火星上,女人听起来坚定的"不",其实不一定就是"不"。

男人会通过不同的方式来设立界限。在火星上,他们经常通过竞争来证明自己的能力,来获得更多的成功。即使在同一家公司里面,他们也相互竞争,以获得更高的职位和更多的薪水。在这种环境下,男人必须时刻注意自己的界限。

当女人没有清晰地设立界限时,男人就会认为女人没有界限或界限不明确。女人或许还会认为自己已经很清晰地向男人发出了信号,男人却认为她们的信号太微弱,他们无法识别。

Chapter 09 设立界限,赢得异性尊重

当女人被激怒时,男人就会感到不公或沮丧。如果能更好地了解女人的思维方式和感受,男人就会对女人发出的微弱信号有着更好的理解,而男人的理解也会促使女人发出更为明确的信号。

男人为什么会有很强的进取心

在金星上，每个人都被关心着；但在火星上，你如果不付出，就没有回报。男人对他们想要的东西显得更加有动力。在这种激烈竞争的环境下，男人对自己取得的东西都更加珍惜。除非他们得到了明确的、不受欢迎的信息，不然，他们一直会为自己想要的东西坚持。

> 男人认为，如果他们被排挤，他们就必须努力再次争取。

这样，男人就会认为这种界限不是止步的信号，而是等待克服的挑战。这种习惯使得男人不会将拒绝看成敌意，这种拒绝只会让他们充满斗志。在火星上，男人知道，他们如果要设立明显的界限，就必须直接坦率地告诉他人。如果界限不明显，他们就会受到一次又一次的挑战。当女人没有发出关于界限的明确信号时，男人就会认为在女人那里仍然还有可被说服的空间。

在火星上，当男人听到了"不"时，他们往往会将它理解为"之后""还不确定""告诉我更多"等。如果男人真的说"不"，他们就会将它表示得非常直接和坦率，因为他们知道，如果不这样，其他男人就会不断地坚持尝试。

这种态度虽然能被男人理解，但对女人来说却不是这样。在金星上，一个简单的不满或犹豫的表情，就能表示"止步"的意思。当她们说"我想我对这没兴趣"时，男人容易将她们的犹豫看成坚持的许可。但在女人的角度上，她们这样说只是出于礼貌。

女人要学会用中立的语调来重复界限

设立界限时，表示坚定最为有效的办法就是重复。以中立的语调来重复界限，效果更好。愤怒只会让男人产生敌意。以中立的语调来重复界限，就不会损害男人的面子。当女人以一种中立的语调说"我真的没有兴趣"时，男人会听到女人的否定，并不会感到被冒犯。女人如果必须重复三次的话，就可以这样说："我已经告诉你三次了，请尊重我的意愿好吗？"

> 女人如果必须重复三次的话，就应该采取一种更为坚定的姿态来设立界限。

女人在设立界限时，通常信息不明确。表9-1呈现了女人应该如何设立明确界限的例子。在表9-1中，第一列是在金星上有效而在火星上无效的不明确界限的表现。第二列是明确界限的表现。如果男人在女人设立界限后仍然穷追不舍的话，女人就可以简单地听着，然后重复她们的界限。如果男人还是坚持己见，女人就应该设立一个更为坚定明确的界限（第三列表

Chapter 09 设立界限，赢得异性尊重

现的就是这种界限）。这种更为坚定明确的界限看起来似乎有些粗鲁，但实际上不是的。在火星上，如果某人一直穷追不舍，这种更为坚定明确的界限就是可以理解和接受的。

表9-1 女人应该如何设立明显界限

不明确的界限	明确的界限	更为坚定明确的界限
或许，你可以下次再来。	现在我不能和你谈话，下周四你可以打电话再约时间。	我已经告诉你三次了，下周四再打电话给我。
我们已经有很多人手了。	我们已经有很多人手了，这里没有你的位置了。	我已经告诉你三次了，请尊重我的要求，现在请走开。
这或许不是最好的时间。	这不是最好的时间，下周再打电话给我吧。	我已经告诉过你三次了，请下周再打电话给我。
我还不确定是否要买这个东西。	我还需要时间来考虑。如果我需要的话，我会打电话给你的。	我已经告诉你三次了，如果我需要，我会打电话给你的。
我不确定这就是我们需要的。	这不是我们需要的。如果需要你的帮助的话，我会打电话给你的。	我已经告诉你三次了，如果需要的话，我会打电话给你的。
我想我还没准备做出决定。	我还没有准备做出决定。如果我准备好了，我会打电话给你的。	我已经告诉过你三次了，当我准备好时，我会打电话给你的。
我还需要点儿时间考虑。	我现在很忙，下周再打电话给你。	我已经告诉你三次了，下周我会再打电话给你。
抱歉，我真的没兴趣。	我考虑过你的要求，但我真的没兴趣。	我已经告诉你三次了，我真的没兴趣。

（续表）

不明确的界限	明确的界限	更为坚定明确的界限
这真不是个好时机。	这真不是个好时机，下个月再打电话给我吧。	我已经告诉你三次了，下个月再打电话给我。

　　大声地将这些例子读出来，你就能学会如何设立更为坚定的界限。在练习时，请用一种中立的语调。这样，男人就不会感到被冒犯。为了让男人知道你坚定的界限，你不必解释太多或用消极情感去回击对方。

　　职场中的男人看到这些例子后，也能更好地理解女人的界限。即使女人的界限不明确时，男人也会有所觉察。尊重女人礼貌的拒绝，会让女人感到被尊重，会更加愿意给予男人更多的支持和信任。如果不理解女人设立界限的模式，男人的固执己见和穷追不舍只会把事情弄得更糟。

Chapter 09 设立界限，赢得异性尊重

女人要学会坚持和重复自己的需求

就像男人需要学会远离和尊重界限一样，女人也需要学会坚持和重复自己的需求。当男人拒绝女人的请求或以某种方式说"不"时，男人还会做出改变。所以，女人就需要练习辨别"不"的能力和练习重复的请求，就像第一次提出请求一样。如果理解了男女之间的差异，女人就会以一种友善的方式坚持自己的请求。

这种练习对女人职位的提升和获得更多的支持很有效。如果不进行这样的练习，女人就很难得到男人更多的支持和帮助。那些学会了辨别"不"的女人逐渐变成了谈判高手，得到了男人的大力赞赏。

> 那些学会了辨别"不"的女人逐渐变成了谈判高手。

女人对男人的"不"越感到愤怒，她们从男人那里得到的帮助就越少。通常，当女人听到"不"后，在很长一段时间内

她们都不会重新提出要求。女人应该这样想：其实，男人的这种"不"在很多情况下表示的是"还没确定"，或"我还需要再考虑考虑"。如果听到男人的"不"后，女人就急于做出长篇大论的解释或觉得不公平，男人就会认为女人不够专业。

在这种情况下，聪明的女人不会去抱怨，而会积极地以另外的方式继续索取需求。在谈判过程中，以不同的方式重复自己的需求会让对方更容易接受，并且你还会得到更多。在谈判时，你应该多准备几套方案。这样，你就可以灵活应对各种"不"。

> 男人将拒绝看成"以后再说"，女人则将其看成明确的"不"。

在火星上，有这样一句话：刚开始时，如果你没成功，请不断地去尝试，再尝试。对男人来说，要求升职，就像坐在替补席上的队员一次又一次地向教练提出上场的要求一样。身为球员的男人会以一种友善的方式一次又一次地要求上场。他们会说这样的话："我能行，我知道我能行的，拜托，让我上吧。"

职场中的男人也做着同样的事情。他们经常争先恐后地让老板知道自己就是升职的合适人选。他们以各种不同的方式传递着这样的信息："我是这个职位的合适人选。我能做好的。看看我目前所取得的成就吧。我真的想得到这个职位。看到我是怎样迫切地想得到这个职位了吗？我知道我肯定行的。我不会

Chapter 09 设立界限,赢得异性尊重

让你失望的。我值得你的信赖。"

男人就以这样的方式为自己的升职做准备。决策制定者也是以这样的方式来接受提议的。如果陈述者信心十足的话,决策者也会感到信心十足。

这种方式也是在向对方传递这样的信息:我希望得到更多,但我也感谢我所得到的。我希望得到更多,因为我觉得我值这么多,但我也希望我有机会能证明这一点。我要得更多,我想,当你看到我能做的和我目前已经取得的成绩,你就会愿意给我更多。

男性或有着火星人特点的女性老板感到员工真的希望得到更多时,也会考虑给予更多。在谈判中,如果女人的语气和用词不对劲儿,她们得到的通常就会少些,因为决策者认为她们的需求少些或能力小些。

在金星上,女人因为友善、懂得分享和善解人意而得到提升。她们表现友善的一个做法就是牺牲自我,尽量地满足他人。这种自我牺牲的态度在培养孩子方面会起到很好的作用,但在和男性老板谈判时却不会对事情的发展有所帮助。

> 自我牺牲是女人表现友善的方式。

为了获取更多,男人会以一种积极的态度,用各种不同的方式一次又一次地表达自己的需求。当他们展示自己的才能和成就时,男性老板就会注意和考虑他们的需求。

男人会以一种明确而清晰的声音直接表达升职的愿望，这就向老板传递出这样的信息：没事儿的，如果你需要时间考虑的话，我有耐心等待。我相信你会看到我所做的一切和成就，我也相信你会提升我的职位或以其他方式补偿我。当男人以这样的方式几次提出要求后，男性老板会对他们的需求进行考虑。

当男人或女人要求升职并被拒绝时，如果他们不能以一种积极的态度去应对，他们的老板就会感到被冒犯，不会去寻找理由让他们升职，而会找理由不让他们升职。

女人为什么要掌握索取的艺术

在金星上，个人关系的质量比钱更为重要。女人为了避免冒犯自己的老板或客户，一般都会乐于接受现状。这样，有时女人得到的就比实际上应该得到的要少。如何索取，何时索取和索取多少，对每个人来说都充满了挑战。如果你能更好地了解老板的想法和站在他的角度考虑问题，你索取的结果就会更好。

任何谈判的底线都决定了一个人的接受程度。比如，你要将你的汽车卖掉，并表示你能接受的价格在 15 000 美元到 18 000 美元之间。这时，如果有人这样说就很荒谬了："好的，我很喜欢你的汽车，我就以 18 000 美元要啦。"实际上，他会以你能接受的最低价去购买。这就是生意的本质。虽然这种做事方式不是女人的风格，但对大多数男性或女性老板来说，这就是他们想要的。为了获得更多，你必须要求更多。

除非女人感到怨恨，不然，她们不会明显地索取太多。索取太多是不礼貌的，是和她们的价值观背道而驰的。所以，当女人感到怨恨时，她们常会在心里这样嘀咕着："我为公司做了很多事情，我应该得到更多的回报。"或者："现在，我已经证明了我的价值，我应该得到更多。"在这种情况下，男人和女人的区别在于：在男人感到怨恨和不公平之前，他们就会这样去想。

当女人看到他人得到了更多，自己得到的很少时，她们就会开始感到怨恨和不满。可问题是，男性老板不会为女人的这种消极态度埋单。他们也不是冷酷无情，只是他们需要激励和推动，才能给予更多。这需要时间。在做销售时，一个普遍的现象就是：在顾客决定购买你的东西之前，他至少需要7次的劝说。

> 老板们也不是冷酷无情，只是他们需要激励和推动，这样，他们才能给予更多。

重复就是达到目的的秘密武器。当女人要求升职加薪时，她们应该认识到的是：这只是开始而已。当你要求更多时，你就要一遍又一遍地展示和宣传你自己。

当女人索取更多而没有达到目的时，她们或许还没意识到：其实，她们可以立即转而要求一些更小的东西。这样，循序渐进地，她就能得到自己最终想要的。这就是索取的艺术。

女人遭到拒绝时，不是带着"不"空手而归，而是应该至少说一些感激的话。当男性老板听到他们目前所给予员工的得到员工的感激时，他们就会乐于在今后给予更多。当男人要求

Chapter 09 设立界限，赢得异性尊重

升职加薪时，如果遭到拒绝，他们就会转而要求其他更小的东西，并且还会说一大堆感激的话。这样，这种替代性的小东西就为今后的更多东西敲开了大门。

> 当火星人要求升职加薪时，如果遭到拒绝，他们就会转而要求其他更小的东西，并且还会说一大堆感激的话。

当要求升职加薪时，女人通常会犯的一个最大的错误就是：不停地谈论自己付出了那么多，得到的却很少。这样，她们常会失去支持。指出自己工作是多么努力，事情对她们来说又是多么困难，只会起到相反的作用。

在金星上，她们的这种情感可能会得到其他女人或女性老板的同情和支持；但在火星上，或当她们面对男性老板时，她们的这种消极情感只会让她们失去信任和支持。她们的老板可能会这样想：如果她很难应付现在的工作，那么，今后我也不会给她更多的工作了。

女人要学会聪明地提出升职请求

学会如何索取更多,懂得表现自我,是升职请求技巧中很重要的一部分。很多女人可能会认为,老板会注意到她们的努力,会主动为她们升职加薪。这种情况在金星上是可能发生的,但在火星上是不可能的。

如果意识不到这一点,当职场中的女人看到他人升职加薪时,她们会认为,如果自己努力工作,也会获得同样的奖励。这样,她们就拼命地努力工作,希望她们的努力能自动得到他人的认可。可当没人认可她们的工作,或当她们没有如愿升职加薪时,她们就会开始抱怨起来。

在这种情况下,女人需要了解的是:如果她们不展现自我,不主动索取,她们的付出就不大可能得到他人的认可。升职和加薪不会主动找上门。许多女人还会错误地认为,如果老板喜欢她们,她们就会有更多的机会去加薪和升职。这在某些方面来说是对的,但不是在任何情况下都正确。当然,如果老板不喜欢你,你也很难有机会升职加薪。但比让老板喜欢更为重要的是:主动要求和展示自我。

Chapter 09 设立界限，赢得异性尊重

许多老板都会感谢那些不提升职加薪要求的员工。你想想，谁不喜欢那些工作出色又不要求加薪的员工呢？这种情况对老板来说再好不过了。在职场中，老板不会按照你的价值去付给你相应的薪水，要实现自我价值，你必须努力争取。那些得到升职加薪的人，通常是那些懂得展示自我价值和不断索取的人。

升职加薪谈判的三大法宝

愿望、价值和信心是升职加薪谈判中的三大法宝。抱怨在男人看来,只是没有信心的表现。当女人没有实现自己的期望时,她们就会心生不满。当男性老板看到女人的抱怨和不满时,她们就会逐渐失去老板的尊重。升职加薪谈判的秘密就是要保持积极的态度,避免抱怨。

这种职场中的偏见不仅仅针对女人,还针对那些持消极态度的男人。当员工以一种积极的态度明确地表示自己的升职加薪愿望时,男性老板也会积极考虑他们的要求。为了激励老板给予更多,员工应该充满自信地展示自己的愿望和价值。

> 为了激励老板给予更多,员工应该充满自信地展示自己的愿望和价值。

如果能从老板的角度出发考虑问题,男人和女人就会有更多的机会来获取更多。老板或决策者不会轻易说"是",他们需要被说服,他们需要做出最好的选择,他们不希望犯错。如果

Chapter 09 设立界限，赢得异性尊重

索取者信心不足，或目的不明确，他们的信心就会跟着不足，目的就会不明确。如果索取者充满信心，表现积极，他们的信心就会更足。

升职加薪必须在合适的时间提出。为了取得更好的效果，你需要做大量的准备工作，这样决策者才能更好地了解你的成就。要求升职加薪时，请别匆匆忙忙。当你要求升职加薪时，你的老板应该已经知道你的成绩了。

当你在展示自我成就时，请注意措辞，要有耐心。任何老板，不论男女，都需要时间来考虑你的要求。他们对你的努力和成就知道得越多，对你的要求就会考虑得越多。

当你在要求升职加薪时，请注意要求的合理性。你既要索取你需要的，又要合理地索取，不要求太多。如果要求太多，你可能会为此丢掉工作。

> 如果要求太多，你可能会为此丢掉工作。

当要求升职加薪时，男人和女人都应该首先对自己的成绩和为公司带来的利益进行回顾。这些是要求升职加薪的基础。聪明的男人或女人会这样说："感谢我目前所得到的，但从我为公司带来的利益上看，我值得获得更多。"或者："市场已经发生了很大的变化，跟我做同样工作的人比我得到的要多。"这种说话方式往往比"这些薪水与我的努力工作不匹配"或者"我需要更多的钱来支付租金或还贷款"好得多。

那些在公司里处于领先地位的人往往善于表现自我，他们的能力和才华容易被老板发现和赞赏。在要求升职加薪之前，就让老板知道你的成就，在谈判中获得成功的可能性就更大了。

Chapter 09 设立界限，赢得异性尊重

职场不是表达脆弱情感的地方

一次，我推荐了在我公司工作的一位女士到其他公司工作。那家公司主管人事的女士直接问我："如果有压力，她会哭吗？"我感到非常惊讶。那位女士向我释放了一个十分明确的信息：她不想聘用一个遇到压力就会哭的女人。起初，我觉得这听起来残酷无情，但后来我渐渐体会到她说话时体现出来的智慧。如果女人在工作时哭泣，我是当然不会为此而开除她们的，但我也不会鼓励她们用这种方式来获得他人的支持。

哭泣是男人或女人敞开胸怀接受他人情感支持的方式之一。在朋友关系中表达这种脆弱是合适的，但在老板或同事的肩膀上哭泣就是非常不恰当的。职场不是你的小家庭，不是你的爱人，也不是你的治疗师。女性老板或同事可能会接受这种脆弱的表现，但男性老板却不会。

在职场中，哭泣或表达脆弱情感的女人会让男人感到自己是个坏人，或者怀疑自己做错了什么事情。当女人哭泣时，如果男性老板没有对她们的脆弱情感表达出同情和支持，她们就会认为他们冷酷无情。这对他们来说不公平。这只是女人希望

得到更多的一个信号，出于人的本性，男人可能会安慰女人，但没有义务去扮演对方的治疗师或家庭成员的角色。

> 在职场中，哭泣或表达脆弱情感的女人会让男人感到自己是个坏人，或者怀疑自己做错了什么事情。

当听到女人哭泣后，男人不会倾过身去给女人拥抱，而会给女人递去纸巾或一杯水。然后，他们会当作什么事情都没发生一样，继续他们的谈话，而不会去注意女人的哭泣。安慰和劝导女人，不是男人的工作，而是女人自己的责任。

如果一位男性老板或同事担任了这种安慰者的角色，就会引起一系列的问题。一旦他停止满足这名女同事的要求，她就会开始怨恨。或者，如果他一直满足她的要求，其他员工就会因为他的偏爱而感到不满，最后她会利用这种表达脆弱情感的方式不断索取，并利用职场来解决她的个人问题。这样，他就会为她的贪婪而感到怨恨，她也会失去他对她的尊重。他可能会感到他这样做是被逼迫的。她的这种脆弱或许能得到他的同情，但很明显，她不会得到提升或其他奖励。为了获取更大的成功，女人在工作时，应该收敛自己的情感，隐藏自己的脆弱，不要将情感需求和工作需求混在一起。

> 在职场中，哭泣或许能得到男人的同情，但不会因此而得到升职加薪的机会。

Chapter 09 设立界限，赢得异性尊重

在职场和私人生活之间设立界限

女人穿得性感暴露，并不是她们有意要去吸引男人的性注意，而是她们有权利使自己具有魅力，引人注目，也有权利根据自己的喜好和情感来选择自己的衣服。女人的穿衣风格并不是男人进行性挑逗或性骚扰的借口。

> 女人的穿衣风格并不是男人进行性挑逗或性骚扰的借口。

当一个男人将自己的妻子和家人的相片放在办公室里，他就是在向大家证明他是一个有爱心和细心的人。但这不是向女人发出邀请，让她们跑到他的办公室，趴在他的肩膀上哭泣。男人和女人应该将他们对性的想法放到个人生活当中，将它与工作分开。

这并不是说，女人永远不要表露出自己情感的脆弱，男人也永远不要展示对性的憧憬。如果别人能接受，并且不耽误工作时间，这两种行为就都是可以接受的。

当不被接受时，男人的调情行为就会变成冒犯。如果女人有意和男人进一步发展关系，男人的调情行为也是可以接受的。这对女人也一样。如果和女人分享情感的男人和其关系非常密切，这种情感的脆弱也是可以让人接受的。

在职场中，如果遇到有关性和情感脆弱这些问题，对于这些问题的对与错，没有像黑与白一样明确的答案。处理这些问题的最好方法就是：理解和尊重他人。设立明确的界限，并尊重他人的界限，你就会得到更多的尊重、更多的信任和支持。

Chapter 10

赢得情感支持，缓解职场压力

理解男女之间的不同，能有效地缓解压力，但这不能替代你对情感支持的需要。当其他人都得到了他们想要的，你却两手空空时，你会感到尤其难过。在过去，主要是女人有这样的感受。现在，随着越来越多的女性参与到工作中来，男人有时也会感到沮丧，感到自己不受欢迎。实际上，无论是男人，还是女人，都需要更大程度的情感支持。

不过，这些情感支持并不一定都来自异性。不管男人多么努力地对女人做出支持，有时女人仍需要其他女人给予的关心和同情。男人也一样，当和其他男人在一起时，他们也会备感轻松。我们每个人都需要有表现自我、不用为别人改变自己行为模式的时候。当男女比例不协调时，男人和女人都会感到一定程度的不舒服。在工作之外，如果我们能满足个人需求，这个问题就能得到解决。

在工作中，如果个人需求得不到满足，我们就会面临种种挑战。除非我们能采取行动满足自己的需求，不然，职场就会变成萌生怨恨的场所。比如，如果身处职场的你意识到自己一直努力的目标是不可能达到的，整个人就会变得越来越沮丧。这时，你应该换个地方，到职场以外的地方寻求你需要的支持。知道了到何处去获得这种支持，你抱怨工作或他人的机会就会减少，压力就会减少，一些积极情感如信心、感激就会增加。

Chapter 10　赢得情感支持，缓解职场压力

最成功的人往往是能够正确处理压力的人

现在，很多公司开始更加支持自己员工的家庭生活，为员工提供灵活的工作时间和内容丰富的娱乐活动。这些公司的做法取得了很好的效果：员工的工作效率和公司的利润都立即大幅上升。员工的情感需求越能得到满足，他们的工作激情、创造力和生产力就会越高。

不是压力，而是我们处理压力的方式决定了我们生产力的水平。如果我们的情感需求得到了满足，我们就能更好地应对工作中遇到的挑战。如果我们得到了我们所需的情感支持，工作上的压力就会促使我们获得更大的创造力和能量。当我们的情感需求没有得到满足时，压力也会造成生产力的损失。

> 不是压力，而是我们处理压力的方式决定了我们生产力的水平。

如果不能正确地处理压力，员工就容易犯错误，并浪费时间和金钱。消极负面的员工往往会制造出许多不必要的情感冲

突。公司如果能更多地支持员工的个人生活，就会受益匪浅。那些放松和个人需要得到满足的员工往往会做出最好的决定。现在，重要的不是工作时间的长短，而是工作效率的高低，这两者有很大的差别。

最成功的人往往是那些能够正确处理压力的人。我们的个人情感得到了越多的支持，我们就越能更好地处理压力。

Chapter 10　赢得情感支持，缓解职场压力

身处压力之下，男人如何做出反应

在火星上，如果男人的个人情感需求没有得到满足，男人就会将自己关在"洞穴"里以便寻求解脱的方式。如果这时和他人交谈，男人就会变得唠叨，并拒绝他人有用的见解和帮助。这样，男人的个人生产力就会受到损失。

在这种情况下，大多数男人甚至不会意识到自己的注意力过于集中。这时，他们钻进了小胡同里，看不到前方宽广的大路；他们将注意力全部集中在那些需要立刻扑灭的大火上，而忽视了其他同样需要扑灭的小火；他们只高度关注那些最为重要的事情，对其他事情都视而不见。由于忽视了小问题，那些小问题就会逐渐变成大问题。这样，男人的生产力就随着工作关系质量的下降而下降。这种习惯不仅削弱了男人的灵活性和创造力，还使男人变得冷漠无情。当男人身处小胡同时，他们的社交能力就会随之消失。

> 身处压力之下时，男人会将自己关进"洞穴"里，他们的注意力会变得过于集中，他们的个人生产力也

会随之下降。

注意到这些习惯,身处压力之下时,男人就应该更多地关心他人,并更多地对自己的错误负责(男人会得到相应的补偿);就应该迫使自己放松,并花时间来关注那些需要扑灭的小火。更重要的是,男人需要花时间来满足个人情感需求,以便减少压力对自己产生的消极作用。这时,男人不应该将自己隔离起来,而应该做一些能放松和满足自己需求的事情。如果能将个人生活和工作进行平衡,男人就能节约时间和金钱,男人的生产力也就会得到提升。

Chapter 10　赢得情感支持，缓解职场压力

身处压力之下，女人如何做出反应

当女人感到压力太大时，她们的反应和男人恰恰相反。她们会感到有越来越多的事情需要去做；会不断地谈论问题，而不是寻找问题的解决方案；会自我责备，而这种自我责备使得她们对自己产生怀疑。这样，她们的生产力也会随之下降。

> 当女人感到压力太大时，小问题就会变成大问题。

当然，我们需要花时间和精力来关注那些需要注意的小问题。但当女人感到压力太大时，她们会过于关注这些小问题，以致筋疲力尽，不知所措。这样，她们的生产力也会随之下降。当女人感到筋疲力尽时，这就表明她们的个人情感需求没有得到满足。因为"有太多的事情需要去做"，她们会感到越来越难以应付。除非这种状态能及时得到纠正，不然，她们的这种筋疲力尽的情感会逐渐变成一种怨恨。

当需要花时间来放松和满足自己的情感需求时，女人会因时间花在自己身上而感到愧疚，她们不愿花时间来满足自己的

个人情感需求，而要花时间来做更多的事情。

　　女人有一种培养基因，她们通常都乐意给予，而忘记自己的个人需求。在大多数情况下，当女人感到压力过大时，她们首先需要为自己的个人生活创造更多的支持，还需要注意工作的重点，才能有主次之分。

　　当和朋友谈论压力的来源时，女人就能有效地应付压力。但如果用工作时间来和朋友谈论这些问题，女人不仅会浪费自己的工作时间，还会引起同事的不满。当问题不需要解决方案时，谈论问题能有效地缓解压力。在工作中，一点儿小小的发泄和分享问题是有助于缓解压力的，但这不能替代你对个人生活的需要。

　　注意到这一点，女人就能在工作之外寻找时间来满足她们的个人情感需求以便缓解压力。和那些工作之外的朋友一起聊天，就能更为有效地缓解压力。这样，女人就能更好地平衡自己的生活，并能更多地注意满足自己的情感需求。

Chapter 10　赢得情感支持，缓解职场压力

职场不是医院

对于男人和女人来说，他们都应该了解的一点是：职场不会对一个人的个人需求负责。如果你的工作没有提供你需要的情感支持，责备公司不会对你有任何好处。请不要将职场当成医院。如果你将职场看成你的父母、朋友、治疗师或爱人，你就准备接受失败和怨恨吧。不论什么时候，当你将责备的手指指向职场时，你都会成为问题的一部分，而不是解决方案的一部分。

> 如果你将职场看成你的父母、朋友、治疗师或爱人，你就准备接受失败和怨恨吧。

在职场中，变化是需要的，但为了做出这些变化，你首先需要确定你的要求是否合理。所有的变化都是一步步慢慢发生的。当一小步开始有效时，其他步伐也会跟着有效。当个人怨恨消失时，我们就能在表达自己需求的同时，更好地理解他人的需求。这种相互帮助和相互感激就是成功谈判的基础。

在职场中,当你的个人需求不是在改变他人的前提下得到的满足,你的个人怨恨就会消失。如果将你不幸或不悦的矛头指向你的经理、同事或所有异性,你就将引起公愤。在职场外,采取行动来满足你的个人需求,你就会为一些积极的变化做出更好的准备。

Chapter 10 赢得情感支持，缓解职场压力

学会给予他人情感支持

成功不取决于职场的情感支持，但依赖于你给予情感支持的能力。在交往中，你要么得到支持，要么得不到支持。当其他条件都相同时，能够提供情感支持就能起到很大的作用。比如，在应聘时，5个求职者都有能力和资格得到这份工作。这时，我们良好的感觉和内心感受将会决定聘用其中的哪个人。在市场上，当供求平衡时，一个人提供情感支持的能力就显得尤为重要了。你在工作时结成的同盟将会使你胜人一筹。

> 你在工作时结成的同盟将会使你胜人一筹。

了解人们不同的情感需求，能使你在工作中为不同的人提供更为有效的支持。如果男人能了解女人在缓解压力时需要的情感支持，就能更有效地为她们提供帮助。同样，如果女人能了解男人缓解压力所需的支持，她们也能提供效果更好的支持。

男人和女人的首要情感需求

在一种相互支持的谈话中，你的语言和行为传递的情感语气十分重要。当你的声音或行为的情感语气满足了他人的情感需求，你就会缓解他人的压力并赢得他们的尊重和信任。他们甚至自己都不知道其中的原因。男人通常会这样说："不知道为什么，我就是能感觉到。"女人则可能会这样说："这可能听起来不太可能，但我就是有这样的感觉。"我们的信任和尊重，就像奔流的河水一样，流向那些能满足我们情感需要的地方。

我们或许不会意识到我们对钙的需要，但当我们摄取那些含钙的食物时，我们的感觉就会好很多。同样的道理，当你能够满足他人的需求时，即使他们没有注意到自己的需求，你的支持也会起到积极的作用。

通常情况下，每个人，无论男女，都会有12种情感需求。它们是：关心、信任、理解、接受、尊重、感激、包容、赞赏、确认、认可、安慰和鼓励。如何给予情感支持的任务看起来很艰巨，其实很简单，只要你能理解何种支持能帮助对方有效地处理压力就好。

Chapter 10　赢得情感支持，缓解职场压力

当然，每个男人和女人都需要这 12 种情感支持，但身处压力之下时，女人尤其会感谢其中 6 种情感支持，男人则会尤其感谢其他 6 种情感支持。他们的压力越大，就会对你提供的支持更为感谢。

这些需求会根据情况的变化而变化。那些担任决策角色或需要表现坚定和果断的女人，会感谢男人需要的 6 种情感支持。那些突然感到在某些方面很脆弱的男人，则会感谢女人所需要的 6 种情感支持。了解了这些变化，你就能提供更为有效的情感支持。

表 10-1 中的例子能帮助我们更好地记得男人或女人需要的情感支持。如果不注意这些，男人就容易给出自己需要的情感支持，而不是女人需要的。对女人来说也一样，如果不注意，她们也容易给出自己需要的支持。当压力增加时，相应的支持也应该增加。

表 10-1　女人和男人需要的压力缓解器

女人需要的压力缓解器	男人需要的压力缓解器
关心	信任
理解	接受
尊重	感激
包容	赞赏
确认	认可
安慰	鼓励

这些例子当中的情感需求是平等的。比如，男人越关心女人，女人就会越尊重男人。当女人越相信男人，男人就会越关心女人。如果男人花时间来仔细倾听，当他们理解女人时，女人就会接受男人和女人的不同点。当女人接受男人，并不要求男人做出改变时，男人就会更加理解女人。

为了获得某种特定的支持，你可以按照上面的例子来给出相应的支持。下面我们将会详细地来探讨这些例子。

男人需要信任，女人需要关心

当男人的想法、决定和行动受到女人的情感和需求影响时，女人就会感到被关心或被重视。如果关心女人，男人就会以及时合理的方式满足女人的需求。当男人花时间来展示自己的关心时，即使是以一种很不起眼的方式，他们也能有所收获。这样，男人就成了值得女人信赖和支持的人。作为回报，男人也会得到女人的信任，这种信任就会使客户对男人更为忠诚。

当女人表现出公开和接受的态度时，男人就感到被信任。在火星上，表达信任的方式是相信男人会尽自己最大的努力去做事。这种信任的态度并不是要求完美。当女人在词语和反应中传递了信任的情感语气时，男人就会对女人做出更为关心的回应。

男人需要接受，女人需要理解

当男人耐心地倾听女人说话，并且没有立即提出解决方案或插话时，女人就会认为男人理解自己。当男人推测女人的需求或情感时,她们就会感到自己被误解。理解并不是要去推测某人的想法、情感、愿望和需求,而是从交流中收集相关的信息并采取相应的行动。女人越感到被理解,就会越放松,并会越多地给予男人想要的支持。

当女人对男人敞开心扉时,男人就能感到被接受。当男人的错误被忽视或被缩小时,男人就得到了想要的接受。为了表示接受,女人不必完全同意或认可男人的想法和行为。接受某人并不是认为某人就是完美的。当女人没有对男人积极地做出纠正或改善时,或当女人没有对男人的想法、情感或行为感到敌意时,男人就感到被女人接受。女人接受了男人,男人就会更加愿意理解女人的想法、情感、需求和愿望。

男人需要感激,女人需要尊重

当男人将女人的希望和需求放在首位时,女人就会感到被尊重。当男人的行为表现出尊重女人的想法和情感时,女人就会开始衷心地感谢男人。男人的这种行为上的尊重,会让女人印象深刻。虽然这种行为尊重方式在火星上不那么重要,但在金星上却会得到女人的感激。

如果女人承认从男人的努力和行为中获得了好处和价值,男人就会感到被感激。当女人需要帮助时,这也鼓励了她们能更直接地向男人寻求帮助。当男人被人感激时,他们就会觉得自己的努力没有白费,就会愿意给予更多。这样,男人就能更受他人的尊重。

男人需要赞赏，女人需要包容

当男人积极地询问女人问题并邀请女人加入谈话时，女人就会感到被包容。当男人主动提供帮助，或邀请女人协助时，女人就感觉自己被重视。当男人邀请女人加入他们的想法、计划或活动时，女人就会对男人及其所做的事情表示赞赏。

当女人对男人的做事能力、特点、技能或才华感到印象深刻时，男人会感到被赞赏。当男人感到赞赏时，男人就会更加愿意和女人合作，或者更加愿意邀请女人加入他们的项目。当女人能从男人的行为中辨别男人的才能或赞赏男人的特点时，就会激励男人做出更多的包容行为。

男人需要认可，女人需要确认

当男人不再拒绝或与女人争论她们的情感和需求，并接受和确认她们的要求时，女人会更愿意认可男人行为中的优点。通常，女人会感到自己必须为做出改变和被人倾听而努力。当女人谈论问题而男人草率地提出解决方案时，女人会感到自己的需求没有得到确认。确认女人的观点并不是指男人必须同意女人的观点。男人只需花点儿时间来倾听女人的观点。女人也不是要求男人就必须要站在自己的角度去看问题。当男人积极地确认女人的观点时，女人就会认可男人提供的帮助和支持。

在火星上，男人十分注重能力和成就。当女人认可男人的能力和成就时，女人所说的话对男人而言就像音乐一样动听。

当男人感到自己付出的努力得到认可时，男人就会更加愿意去确认女人的想法、愿望和需求。对男人过去或现在的成就表示认可，女人就能更好地激励男人在未来给予更多。

男人需要鼓励，女人需要安慰

男人通常会错误地认为，因为自己过去做过支持女人的事情，所以女人会一直感受到自己的支持。可男人忘了，女人需要的是一次又一次的安慰。男人可能风风火火地对女人提供了一次帮助，然后就完全忽视了女人的存在。男人还会认为，自己已经向女人表明和行动过了，已经是女人的朋友和支持者了。可女人对变化更为敏感，她们会继续期待之前男人给予的支持和帮助。男人的多次安慰和确认的态度能让女人感到信任和安全感，能激发女人对男人的好意和信任。当女人再次得到男人的安慰和确认时，女人就会感到男人仍然支持着自己。

当男人正在寻找解决方案时，女人通常会犯这样的错误：她们会过多地谈论潜在的问题。通常，男人会提出一些建议，但这时女人又会突然提出一些潜在的问题，这样对男人是一种打击。他们会错误地认为，女人对他们的能力不认可或不存感谢之心。在表达怀疑或担忧之前，女人最好先听一听男人的说话内容并感谢男人观点的价值。如果不这样做，女人的错误行为就会增加男人的压力。当男人感到女人的信任、感激和接受时，男人就会再次确认对女人的关心，理解和尊重女人的希望和需求。

错误的情感支持会让你在不经意间丢掉生意

如果不能准确地理解男人和女人不同的情感需求，男人和女人就都有可能忽视、冒犯和丢掉客户，因为我们不仅没有帮忙减少客户的压力，而且还增加了客户的压力。你或许会给出一个很好的价格，但如果对方的情感需求没有得到满足，他们就可能会与其他人做生意。他们或许会说"我们要最好的价格"，其实在他们的内心深处，他们是要让自己感受更好。当他们的情感需求没有得到满足时，他们可能会冲你一笑，然后再也不会回来。当人们的情感需求没有得到满足时，他们或许会感到伤心、嫉妒、怨恨、冒犯、焦虑和愤怒等。如果你能准确地给予支持，这些情况就能有效地避免。

直接交流时，顾客可能向你微笑以表示礼貌，但如果他们的情感需求没有得到满足，他们就不会再回来。

女人有着更多的"敏感情感"，男人则有着更多的"敏感自尊"。通过关心、理解、尊重、包容、确认和安慰,男人可以避免伤害女人的情感。通过向男人表达信任、接受、感激、赞赏、认可和鼓励,女人就不会伤害男人的自尊。这不仅能创造更多的生意机会,还能创造更好的生意环境。当同事和经理之间变得更加相互支持时,商客之间也会变得更加融洽。当女人看到或听到男人对他们的女性同事不尊重时,她们就会对他们产生敌意。同样,当男人看到女人支持男人时,他们也会想和她们做生意。

光是做出产品并推动他人去试用和使用是不够的,你还需要别人帮你推动更多的人去试用和使用。除非你的顾客的情感需求得到了满足,不然他们不会这样做。

下面是女人在做出情感支持时通常会犯下的错误(见表10-2)。这些错误在与客户打交道时表现得十分明显,但这些例子对同事和管理层也同样适用。

表10-2 女人提供情感支持时常犯的错误及其成因

女人通常犯的错误	男人为什么没有感到被支持
女人纠正男人的错误或冒昧地给出建议:"不是这么用的。"	需要信任的男人:因为男人没有请求女人的建议,即使女人是对的,男人也感受不到被支持。男人认为自己的能力没有被女人认可。
女人的语气中表现出了不耐烦和沮丧。"我们计划做完那件事的,但它不是我们的首要任务。"	需要接受的男人:男人认为自己就是女人眼中的问题,感到自己没被接受。

（续表）

女人通常犯的错误	男人为什么没有感到被支持
女人无法控制自己的情绪。"这是一个疯狂的理由。我们人手快不够了。"	需要感激的男人：男人认为自己为女人的事背负着沉重的负担，却没有被感激。
未经许可，女人主动向男人提供帮助。"让我来帮你吧。"	需要赞赏的男人：当男人不需要帮助而被人认为需要帮助时，男人会感到自己没被赞赏。
女人没有注意到客户的需要，并通过责备他人来为自己的错误辩护。"当我需要他们的时候，他们人呢？"	需要认可的男人：男人认为女人不负责任，感到自己的需求没被认可。
女人抱怨公司和公司的规章制度。"我不能让他们改变这些。"	需要鼓励的男人：男人认为女人对公司不满，也没有动力和女人的公司做生意。

上面例子中的这些话，在女人的世界里能起到支持的作用，但在火星上却不是这样。当然，男人也会犯同样的错误。他们经常也会给出男人需要而不是女人认可的支持。下面就是男人在做出情感支持时容易犯下的错误（见表 10-3）。

表 10-3　男人提供情感支持时常犯的错误及其成因

男人通常犯的错误	女人为什么没有感到被支持
男人随意地听了听，接着就给出了解决方案。"我想你应该……"	需要关心的女人：女人认为男人不关心她所想的或想要做的。

Chapter 10　赢得情感支持，缓解职场压力

（续表）

男人通常犯的错误	女人为什么没有感到被支持
男人没有通过提问来了解更多关于女人的问题，只是充满自信地告诉女人，女人的问题很容易就能解决。"没问题，我们能解决。"	需要理解的女人：女人认为男人忽视了自己的问题。如果男人不理解整个问题，女人就会感到沮丧。
男人用一种接受和妥协的语气表达自己对公司规章制度的态度。"我无能为力，制度就是制度。"	需要尊重的女人：女人会认为男人对自己的需求漠不关心，并感到不受尊重。女人更喜欢这样的语气："抱歉，我真的不能……"
当在听女人的主意、建议或要求时，男人没有做出任何反应。	需要包容的女人：看到男人无动于衷，女人会认为男人要么没兴趣，要么隐藏了某些东西。这时，女人会感到自己被排斥了。
当女人不满时，男人会试图寻找另外一种方式来弥补女人的损失。"试试这个办法吧，这个办法还有效。"	需要确认的女人：女人需要被确认的情感没有得到满足，所以没有感到被支持。女人要男人多花些时间来确认她们的损失。
当男人没有好的事情要报告时，男人会等到好的消息出现以后才会"回来"报告。	需要安慰的女人：女人会将男人的沉默看成不好的消息或缺乏关心。

在和客户打交道时，很明显，我们如果要获得成功，就必须尽可能多地给予他们需要的情感支持。毕竟，他们为我们的服务支付了酬金。在其他领域，我们也需要这样做，只是表现得没这样明显。获得我们想要的支持的唯一方法就是给予他人需要的支持。毕竟天上不会掉馅饼。

男人如何赢得女人的情感支持

男人赢得女人支持的最有效的方法就是：强有力的沟通方式。若能懂得如何倾听女人的心声，男人就能最有效地表达出自己关心、理解、尊重、包容、确认和安慰的态度。以这种方式去和女人交流，男人就会减少女人的压力并赢得女人的支持。

男人在和女人交流时，遇到的一个最大的问题是：他们忘记了男女之间交流方式的差别。下面的例子为男人指明了道路，为男人提供了一些有效的建议（见表10-4）。

表10-4 与女人交流时，男人应该注意的事项

男人应该记住的	应该做的和不应该做的
记住：女人感到沮丧，是因为你没有理解她们的观点，这永远都不是她们的错。	你应该对没有理解女人的观点感到抱歉。别责备她们让你愤怒。记住女人的交流方式是有根据的。你要努力从她们的角度看问题。
记住：女人的负面情感也许会令你莫名其妙，但总是有原因的。即使她们的情感让你感到被责备，你也没必要提高嗓门儿，将你的愤怒浇在她们身上。	深呼吸，什么也不要说。当你生气时，你做得最糟糕的事是不去冷静地思考。当你的愤怒被他人回击时，这就像火上浇油，你会更加愤怒。

Chapter 10 赢得情感支持，缓解职场压力

（续表）

男人应该记住的	应该做的和不应该做的
记住：愤怒和沮丧通常源于不知如何将事情变得更好。你是在努力使事情变得更好，愤怒只会让事情更糟。	如果你的解决方案没有起作用，不要责备她们。更多地倾听她们说的话，或许她们就能得出解决方案。如果你让她们参与方案的设计，她们就会更加感谢你。
记住：你没必要一定同意她们的观点，女人不需要你的同意，但她们不喜欢类似"真笨""真荒谬"的话语。这样的话语会让她们感到自己被冒犯了。	不要以尖酸刻薄的语气来表达你的不同意，而要表达出你不同意的地方和感谢的地方。
记住：隧道的尽头有光明，男人通常会感到放松。如果女人说话时你没有插话，她们就会自动对你说的话敞开胸怀。	如果你感到有必要插话或提出自己的观点，不要说你懂了，而要礼貌地让女人知道你没有听懂她们的意思，显示出你有兴趣花更多的时间来听懂她们的意思。这样，她们也会以相同的方式对你。
记住：女人不会对你的愤怒负责。别去责备她们。如果她们不感谢你所说的话，那么请冷静，请仔细倾听，这样她们就会更感谢你。	如果你希望提出解决方案或使情况变得更好，请确定她们已经说完话了。说话时，请别扯着嗓子。
记住：你没必要按照女人的建议办事。你们仍然处在谈判之中。女人带有情感的语气听起来似乎很确定，但在金星上，她们还没有最后确定。在消极情感变得更加积极起来之前，你首先需要去倾听这些消极情感。	当某人正在发怒时，别带着情感去和她们争论。你应该等到她们情绪稳定了，再继续和她们谈论问题。这样说就好了："让我再想想，然后我们再谈吧。"但不要说："你现在太激动啦，我没法跟你继续谈下去。"

当男人在倾听女人对情感的诉说，并且不感到生气或沮丧时，他们就会赢得女人的信任、接受和感激，也会缓解女人的压力。在职场中，当男人能让女人安全地表达这种偶尔的情感波动时，女人就会接受男人的缺点，更多地感激、认可和赞赏他们的优点。女人感受到的理解越多，她们能给予男人需要的支持就越多。

Chapter 10　赢得情感支持，缓解职场压力

女人如何赢得男人的情感支持

女人能以一种更为有效的方式来赢得男人的支持。当女人以某种方式赢得男人的支持时，她们就会自动地获得向男人展示信任、接受、感激、赞赏、认可和鼓舞的能力。那么，女人赢得男人情感支持的秘密武器是什么呢？这件秘密武器就是：不要试图改变或改造他们。除非他们直接向你寻求建议，不然他们不会接受你的帮助。

在职场中，试图改变或改造男性员工，正是男性员工和女性经理很难相处的重要原因。对于女性经理来说，如果感到有必要对自己的男性员工的行动负责任时，她们甚至会比男性经理更为主动地告诉男性员工他们应该如何去做。

> 女性经理会比男性经理更为积极主动地去改造男人，并告诉他们应该如何去做。

当男人抵制她们的权威时，女性经理就会妥协，而不是坚定自己的权威并直接叫男人按照她的说法去做。她们可能会这

样说:"难道你不认为……吗?""……或许会更好。"或者:"你能试试……吗?"这种方式在金星上是有效的,但在火星上却起不到积极的作用。对于男性员工来说,女性经理的这些话听起来不明确。他们认为,如果连女性经理自己都不确定,自己再按照她们的说法做事就不合理了。

也就是说,女性经理的友好建议可能会起到反作用。如果女性经理要求男性员工按照她们的方式去做事,她们最好直接和明确些。在火星上,如果对她们"软化"的要求妥协,就意味着她们的方式比他们的方式更好。男性经理不会"软化"自己的要求,而会用自己的经理权威来直接进行要求。

男性经理会直接要求别人去做某事,而不会向其指出有一个更好的方法去做某事。所以,为了保护自己的权威,女人也需要直接要求。男人尊重等级制度。如果女人是老板,她们就有特权。当女人收敛自己的权威,并以同事的方式给予他们有用的建议,他们就会不顺从。请看下面的例子(见表10-5)。

表10-5 与男人交流时,女人应该注意的事项

避免间接,请不要说	直接些,请说
在提交订单之前,如果你和山姆沟通的话,效果可能会更好。	在提交订单之前,你先和山姆谈谈吧。
在你搬办公室之前,把这件事做完,你不认为会更好吗?	在搬办公室之前,你把这件事做完吧。
我不确定你是否应该做这件事,我想这是理查德的职责。	在做这件事之前,你先和理查德交流一下。

Chapter 10　赢得情感支持，缓解职场压力

（续表）

避免间接，请不要说	直接些，请说
或许我们应该让他们知道，我们不愿意做出这些变化。	请告诉他们，我们不愿意做出这些变化。
你能让汤姆知道我对那个计划没有兴趣吗？	请告诉汤姆，我对那个计划没有兴趣。
你会愿意将这个还给我吗？	请把这个还给我。
你认为，或许你能别那样做吗？	请你别那样做。

如果女人能提出更为直接的请求，而不是"礼貌的"请求，男人就会更加愿意接受。以上的这些建议不只对男性员工起作用，还对男性同事和客户起作用。男人通常都会接受直接的方式。

当职场中的男女无意识地冒犯对方时，有太多的时间都被浪费掉了。如果能更好地了解异性的六大情感需求，你就能更多地得到你应得的尊重、信任和支持。随着男人和女人在职场中更为有效地相互支持，消极情感就会减少，合作和协作就会增加，压力就会减少。压力减少了，生产力就相应提高了。

·243·

Chapter 11

学会自我展示，得到你想要的工作

职场环境和家庭环境在很多方面是截然不同的。在家庭中，人们根据自己的需要相互关心。但在职场中，你或许迫切希望做成生意，但你的这种需要不会促使他人去购买你的产品或使用你的服务，你并不会因为需要更多的钱来支付账单而得到想要的工作；你或许才华横溢，但如果不能说服他人，就不会得到嘉奖。职场不是慈善机构，你只能根据你创造出来的成果得到相应的回报。能否让他人知道和认可你的才华，取决于你自己。他人或许会喜欢你，但如果他们不知道你的才能，你就不会得到你想要的工作。

男人通常会意识到这一点，并在任何可能的情况下，积极地展示和宣传自己。男人会寻找各种方式来使自己与众不同。这和女人的想法恰恰相反。女人显得更加平等和包容些。如果过于宣扬自己特殊的才华、能力和成就，她们就会筑起隔阂之墙。这种想法会使得女人在职场中丧失很多应得的机会，对她们很不利。

> 男人总是寻找各种方式来使自己与众不同。

理解了男人对权威和能力的认知，女人就会像男人一样获得更多的机会。同样，如果能理解女人对权威和能力的感知，男人也会胜人一筹。

Chapter 11　学会自我展示，得到你想要的工作

火星人展示能力，金星人隐藏能力

当男人在一起时，他们经常会对他人的能力进行评估。男人往往对分数感兴趣，并且这种分数也在不断地发生变化。虽然这看起来有些冷酷无情，但这就是现实。就像女人通常被人根据她们的相貌和年龄做出不公平的判断一样，男人也会被人根据他们的薪酬水平做出不公平的判断。当一个女人向她的父母宣布要结婚的消息时，她的父母第一个想知道的问题常常是：他是做什么的？

我们都希望每个人都能得到无条件的爱，但在现实的职场中实现的可能性很小。你如果想要某个工作，就必须证明自己能做好这份工作。在火星上，尊重会跟随那些胜利者而去。人们自然会和条件好的一方做生意。职场中的规则就是用能力赢得尊重。

当然，光有能力是不够的，别人必须注意到和认可你的能力才行。在市场上，光有最好的产品还不够，你还必须让他人知道你的产品是最好的。宣传无处不在。对于权威，更为重要的是他人对权威的感知和认同。如果别人认为你有很大的权威，

你就会拥有更大的权威去影响别人。

> 在火星上，权威能赢得最大的尊重。

男人本能地会去尊重和追随那些他们认为有更大权威的人。在火星上，男人会因为解决了某个问题或完成了某个任务而感到自豪。随着个人成就的增加，他们会以各种不同的方式来展示和宣扬自己的成就和能力。

在金星上，能力也很重要，但同情、诚实、关心和其他的个人价值观却更为重要。所以，她们不会到处宣扬自己的能力，而会为自己的关心、善良、责任、奉献感到自豪。这种想法的融入，使得职场变得更加完善。不过，女人如果懂得如何利用男人自我宣扬的能力，就会获得更大的成功。

> 在金星上，能力也很重要，但同情、诚实、关心和其他的个人价值观却更为重要。

女人通常会隐藏那些能引起男人尊重的能力和贡献。当女人没有积极展示自我时，男人就会认为女人没有什么可展示的。除非女人学会展示和宣扬自我，不然，她们在和男人的竞争中就会处于劣势。

同样地，男人如果过于展示和宣扬自己，就会引起女人的抵制和敌意。这种使男人与众不同的、过于展示和宣扬的行为

Chapter 11　学会自我展示，得到你想要的工作

会减少男人从女人那里得到的信任和尊重。女人会和那些她们认为能考虑她们需求的人做生意。如果男人能合理地将火星人和金星人的特点进行整合，他们就能更加与众不同。

女人要学会争取分数

女人通常会缩小自己的成就,或将自己的成功归功于好运或他人的帮助。女人或许还为自己的做法感到自豪,但她们这样做,就没人能知道她们的真实能力,她们自己也没认识到展示自我的重要性。当某人就一个女人取得的成就向她表示祝贺时,她或许还会这样说:"嗯,我得到了很多帮助。"其实,她应该这样做:她要为自己的成就争取分数,并充满自信地说:"我也为这些成就感到自豪。事情变得越来越简单了。"在金星上,这些话是女人最后才会说的。不然,她们就会显得傲慢、炫耀或过于张扬。一个女人一旦给其他女人留下了这样的印象,就容易失去其他女人的认可。

在金星上,如果一个女人炫耀她的个人成就,其他女人就容易对其不满。

当你取得成就时,感谢他人是正确的,但感谢他人的前提是你要让他人知道你才是取得成就的关键。在职场中,如果女

Chapter 11　学会自我展示，得到你想要的工作

人谦逊地缩小自己的成就，男人就会认为那就是女人的真实能力，还会怀疑女人的能力。当女人将自己的成功归功于好运时，她们就缩小了自己的能力和才华，男人也会推测她们或许真的只是好运罢了。当女人说"我不应该得到这种认可，这些成就归功于我的团队"时，男人就会按照字面的意思去理解。

> 如果女人将自己的成就归功于他人，男人就会怀疑女人的能力。

对女人来说，褒奖、奖金等对她们自由地表现和展示自我非常有帮助。但这些还不够，女人需要不断为自己的成就争取分数。在理想的世界里，人们会主动去认同他人的价值和优点，但职场中却不总是这样。女人一方面需要尊重自己固有的价值观；另一方面还要为自己的成就争取分数，展示自己的才华和能力。

为了保留自己的特点，又要为自己的成就争取到分数，感谢他人是可以的，但感谢的前提是：自己已经以某种方式拿到了自己应得的分数。比如，当听到他人的祝贺时，女人可以这样说："我也为这些成就感到自豪。事情对我来说，变得越来越简单了。但没有其他人的帮助，我也不会取得这样的成绩。"首先对自己进行认可，然后再自由地感谢他人了。

在职场中，为了显示自己对他人最具有支持力，你首先需要让别人知道你能为他们做什么。在公司里，那些升职加薪的

·251·

决策者需要你的帮忙来确定谁最具有竞争力,他们一直在注意你。如果你不能表现自我和争取分数,其他人这样做了,你就会被忽视。当女人明确了这一点,她们在展示自我时就能感到更为自由舒适。通过展示自我,她们也向那些自己希望为其服务的人提供了支持。

Chapter 11　学会自我展示，得到你想要的工作

争取分数的两种方式

要让自己与众不同

当我在创作《男人来自火星，女人来自金星》时，我也遇到过同样的困惑。我对那些商业广告感到不适，大力地宣扬我的研究成果和这些成果带来的好处似乎显得我有些傲慢，但这的确是一个非常有效的推广方法。这样做到底对不对呢？我不确定。为此，我祈祷了好几个月。

在和我的妻子邦妮、小女儿劳伦一起旅行中，我找到了答案。我们从加利福尼亚驱车到了俄勒冈州的阿什兰参加莎士比亚戏剧节。遗憾的是，当我们一行人到达那里时，演出门票已经售罄了。不过，我们也被告知，在演出开始前，我们可以从那些有多余票的人手中购买。演出开始前30分钟，我们到达了剧场门口，但在那里已经有40多人在等着购票。

5分钟后，一些有多余票的人出现了。我还没反应过来是怎么回事时，就被那些等票的人挤在了外面。这真让人失望，我不想和他们一样表现得那样积极，或者我也不想去挤他们。

我当时还想，那些买票的人遇到这种情况多不舒服呀。我就在一边静静地站着，不知所措。

又过了5分钟，我注意到一个人正在从另一个人手中买票。他手中的纸上写着：需要两张今晚《仲夏夜之梦》的票。他远离人群。当卖票的人到达时，他就主动走向了他们。交易完成后，买票的人就走开了。这时，我走了过去，向他索要他写的标语。我将两张改成了三张，远离人群，在那儿静静地等着。几分钟后，那些想避开人群的人向我走来并将票卖给了我。我买到了票，但这些票的座位不是最好的。我安静地等待着，直到买到我满意的座位为止。

当我开始购买更多的门票时，几个女人向我走来，希望能买下我不想要的门票。当这些女人拿到票时，她们满怀欢喜。10分钟内，我就买到了更好的门票，并卖完了我不想要的其他门票。为此，我感到十分惊讶。当我举着标语而其他人没有这样做时，我的标语就显得特别明显。我离开时，没有人向我索取标语。我向一个女人走了过去，并将标语交给了她，她对我表示了感谢。我很惊讶，这40个人里就没有一个人表现得与众不同。

那天，我们得到了让我们满意的座位，但对我来说，更重要的是，我找到了我苦苦追寻的答案。现在，我意识到了商业广告的重要性。这件事让我更清楚地了解到：我需要与众不同。除非我们主动让他人知道我们能为他们做些什么，不然他们就无法得知。我的工作就是展示这些"标语"，然后他们会根据自己的情况各取所需。

Chapter 11　学会自我展示，得到你想要的工作

多年后，当我和邦妮再次来到莎士比亚戏剧节时，我看到有更多的人举着标语站在一边等待着门票。让我感到惊讶的是，还是只有不到20%的人用这种标语，其他人还像原来一样争先恐后地在那儿挤着，即使他们看到很多卖票的人主动走向那些有标语的人，也没有做出任何改变。

用"我"，而不是"我们"

男人的另外一个优势是既会保持谦逊，又会为自己的成就争取分数。一个谦逊的男人不会仅仅说："是的，我又做了一件很了不起的事情。"他会这样说："我做了一件很了不起的事情，帕克先生对我这个结果很满意。"这样，他既展示了自己的成就，又为自己争取到了分数，还没让他人失望。

这种方法对女人也非常有帮助，但女人却不善于用"我"，她们更善于用"我们"。即使她们是成就的关键，她们也会这样说。当女人用"我们"来替代"我"时，这很容易误导男人。在火星上，男人都急切地尽自己所能来为自己争取分数，所以当女人没有为自己争取分数或展示自我时，男人就会错误地认为她们的能力不够。

> 如果女人不为自己的成就争取分数，男人就会错误地认为她们的信心和能力不够。

为了凸显自己的与众不同或出类拔萃，当和男人一起工作

时，女人需要多多练习用"我"来为自己争取分数，而不要依赖"我们"这个词。刚开始练习时，女人可能会感到不适应。随着练习次数的增加，女人就会感到越来越自然。

在工作前，对着镜子练习争取分数，男人和女人都会受益匪浅。首先，你可以列出你取得的大大小小的成就。其次，用"我"这个词进行反复的练习。几分钟后，你就会觉得"我"这个词用起来非常自然。

你还可以使用这个方法来练习。请想象这样的情景：有人向你走了过来，并对你说你工作做得不错。然后，你大声地做出回应："是的，我的工作做得不错。"如果你能更加自然轻松地用"我"来为自己争取分数，别人就会给予你更多的认同和分数。

请看下面的例子，左边一列是金星人常用的方式，她们注重"我们"；中间一列是火星人常用的方式，他们注重"我"和个人成就；右边一列是金星人和火星人常用方式的整合（见表11-1）。请注意，在右边这列中，是先用"我"，再用"我们"的。

此外，另一个不错的练习方法就是：将那些你赞赏或和你一起工作的人拥有的成绩列出来，把你自己当成他们，然后再以他们的身份去争取分数。站在镜子前，通过这种角色互换的练习，你就能感到更加轻松自如。

你的朋友都会希望你为你自己的成绩争取分数。他们如果不希望你这样做，就不是你的朋友。在职场中，你的客户和经理都需要你为自己的成绩争取分数。

Chapter 11　学会自我展示，得到你想要的工作

表11-1　为自己争取分数的三种方式

金星人的方式：分享分数	火星人的方式：争取分数，强调成就	金星人和火星人的整合方式：分享分数和强调成就
我们做得不错。	我为这项工作感到骄傲，这超出了我的预期。	我为这项工作感到骄傲，但如果没有我的团队的支持，我就不会取得这样的成绩。这超出了我的预期。
我们的工作都十分努力。	我都没想过，我会这样努力去工作，但这工作值得我这么去做，真的不错，很多人会因此而受益。	我工作真的很努力，我还得到了我们团队的支持，真的不错，很多人会因此而受益。
我们改变了方式，现在我们有几家分支机构了。	我实施了一个新的方法，现在我设立了几家分支机构来为更多的人提供服务。	我实施了一个新的方法，现在我们设立了几家分支机构来为更多的人提供服务。
我们发现了一个更好的方法。	我发现了一个新的方法，现在我得到了更好的结果，每个人都很高兴。	我发现了一个新的方法，现在我们得到了好的结果，每个人都很高兴。
亨利同意了，我们的生意也成交了。	我打电话给亨利并成交了这单生意，现在不会耽误了，所有人都会加速前进。	我打电话给亨利，我们成交了这单生意，现在不会耽误了，我们都会加速前进。

·257·

（续表）

金星人的方式：分享分数	火星人的方式：争取分数，强调成就	金星人和火星人的整合方式：分享分数和强调成就
项目终于做完了，我们做得不错。	我花了三个星期的时间来完成这个项目，从此会一帆风顺的。	我花了三个星期的时间来完成这个项目，现在它看起来好多了，我们做得不错，从此会一帆风顺的。
我们在费城实施了一个新的计划，现在销量增长了一倍。	自从我在费城出差时实施了这个新计划，我的销量增长了一倍。现在每个人都能用这个新计划了。	自从我实施了这个新计划后，我们的销量增长了一倍。现在每个人都能用这个新计划了。
等了一周后，我们终于成交了一笔更好的生意。	等了一周后，我终于成交了一笔更好的生意。现在我们的利润开始上升了。	等了一周后，我终于成交了一笔更好的生意，现在我们的利润开始上升了。

Chapter 11　学会自我展示，得到你想要的工作

男人会维护自己的分数

男人在向他人展示自我成就、争取分数的同时，也会像在运动场上一样，努力维持自己的分数纪录。在火星上，展示分数不是自傲，而是宣扬自己能力的一种方式。

展示自我，并不是傲慢地贬低他人。男人展示自我，只是因为他们要让别人知道自己可以胜任某项工作。在火星上，如果你有成就支持，展示自我就是一种非常健康的自尊行为。不是贬低他人，而是用自己的成绩单来支持自己，在火星上，这就是谦逊的标志。

> 在火星上，男人会通过展示自我而不是贬低他人来提高自己。

项目完成时，我们通常不知道谁是取得这个成就的关键人物。毕竟，项目的完成是很多人参与的结果。女人通常会错误

地认为，只要她们努力工作，别人就会注意到她们的成绩，或者将她们的成绩指出来，而她们自己要谦逊。但女人这样做时，没有注意到，如果她们不为自己的成绩争取分数，那其他人就会将她们应该得到的分数拿走。除非别人为她们指出成绩，不然，她们的成绩就会被人忽视。

> 女人通常会错误地认为，只要她们努力工作，别人就会注意到她们的成绩，并主动给她们加分。

在火星上，一个人是通过谈判拿到属于自己的分数的，谈判出来的分数就是公平的。谈判的筹码就是你过去的成绩。

> 在火星上，谈判出来的分数是公平的。

在职场中，对成功的感知推动了更多成功的产生。当女人花更多的时间来展示和表现自我时，在得到认可的同时，别人就会认为她们更有能力和权威。

聪明的男人和女人都会向他们的老板或经理报告他们最近的工作进展和取得的成果，他们会确保自己有机会在老板面前展示自己的能力和才华。他们在午餐或举行活动时，积极地与人交流，在他们的办公室里堆满了自己获得的奖品、证书、爱人的相片、与名人的合影以及那些和他们的成就相关的相片。那些照片代表了千言万语。

Chapter 11　学会自我展示，得到你想要的工作

火星人和金星人的幽默差异很大

生活在火星上的男人通常喜欢表现自我，生活在金星上的女人则通常表现得谦逊，不露身手。在涉及幽默时，这种差异尤为突出。对男人来说有趣的地方，对女人来说未必就是；同样，女人认为有趣的地方，男人可能会无动于衷。

在表现幽默时，男人通常奚落他人，女人则通常抬高他人。所以，男人的幽默会让女人感到害怕，女人的幽默会让男人觉得女人无能。当男人和女人都能对彼此的幽默开怀大笑时，至少能证明，他们已相互接受，彼此之间没有敌意。

当女人不能接受男人的幽默时，女人可以明确地告诉男人，而非对男人产生敌意。当男人讲笑话时，他们需要面子。如果女人不能接受男人的笑话，她们就可以微笑一下，然后以一种友好的方式对男人说："你来自火星吧？"如果女人以这种平和的态度表达自己的不满，男人就不会感到被冒犯，也不会对女人产生排斥。虽然男人通常会对其他男人的笑话开怀大笑，但实际上，他们或许不知道笑话的笑点在哪里。女人轻声地笑一笑，是给他们面子和支持的一种方式。

永远不要叫男人去解释他们的笑话。如果女人没听懂，男人并不会因此而责备女人。表11-2是五个不该说和该说的例子。

表11-2　没听懂男人的笑话时，女人不该说和该说的话

请不要以严肃的语气说	以一种玩笑的方式说
这为什么有趣？	我不明白。
我没觉得这有趣。	拜托，停。
你的幽默让我感到被冒犯了。	嘿，停。
一点儿也没意思。	我们能换个话题吗？
我不会感谢你的笑话。	嘿，走开。
真不敢相信，你这样说。	你是在开玩笑的，是吗？

这种玩笑的方式会起到很好的作用，男人不会觉得被你的话语伤害和冒犯，也挽回了面子。以这种方式进行回应，男人也会自动停止他的笑话，因为他意识到自己已经冒犯你了，并且你也不能理解他的笑话。

若能正确地对待男人的幽默，女人就能从男人那里获得更多的分数。当女人不能接受男人的笑话时，女人或许会感到不舒服。这时，她们可以选择没有其他人在的时候直接让男人停下，也可以选择以一种礼貌温和幽默的方式对男人做出回应，让男人知道自己对他们的幽默不感兴趣。

比如，你可以这样说："帮帮忙好吗？你能别再说那种笑话了吗？我知道有些人觉得这很有趣，但我不这样认为。谢谢你，

Chapter 11　学会自我展示，得到你想要的工作

请停下。"说完后千万不要等男人的答案，就当作男人会友好地走开。而且，你说的话越少越好。男人并不会因为你拒绝他幽默的方式去做出什么出格的事情，只会在内心深处发发牢骚，并最终改变他们的行为举止。

男人的幽默方式是贬低他人

男人通常会彼此开玩笑。一个男人可能会这样说:"你做不成,你就是个废物。"对方可能这样还击他:"我能做,到时候会让你目瞪口呆。"女人如果参与到这种对话中来,就必须以一种平和的态度来对待男人说的每句话,也不要被男人的话语冒犯。如果以"我不能做,我甚至不知道……"这样的方式回应,就会引发争论。

当女人用男人开玩笑时用的话语来对男人做出回应时,男人就会感觉自己被冒犯了。实际上,冒犯男人的不是女人说的话,而是女人的语调或态度。请看下面的例子。

有一次,做票务代理工作的莎拉跟她的男同事拉里开了一个玩笑:"男人,永远都不知道自己在做什么。"不久,她就被她的男老板训斥了一顿。莎拉百思不得其解:为什么男人能对其他男人讲这种尖酸的笑话,自己却不能呢?在她看来,自己只是开了一个玩笑,无论是拉里,还是老板,都应该很习惯这种模式。

遗憾的是,拉里和老板并不是这么想的。他们认为,莎拉

Chapter 11　学会自我展示，得到你想要的工作

非常相信自己所说的话，即拉里的工作存在问题。这一点是他们从她说话的语调中看出来的。

本来只是一个玩笑，结果玩笑变成了一个严肃的职场问题。尤其如果拉里一直对莎拉有怨恨，莎拉的这个笑话就会进一步激化二人之间的矛盾。而事情发展到这一步，只是因为莎拉开了一个不得体的玩笑。

可能不少读者也会像莎拉一样发出疑问：为什么男人可以用关于其他男人的笑话来活跃气氛，女人却不能这样做呢？原因很简单：男人可以讲关于其他男人的笑话，并且其他男人还能接受，因为他们自己就是男人。如果女人这样说，就不一样了。

> 男人讲关于男人的笑话是可以被其他男人接受的，因为他们自己就是男人。

当一个男人以一种幽默的方式来贬低其他男人时，他并不是真正地想要贬低对方，对方也能接受；当一个女人用幽默的方式来贬低男人时，男人就无法接受，因为她不是男人。即使她使用相同的词语，男人也无法接受。如果她用尖酸的语言来取笑其他女人，男人能接受，其他女人却不能接受。这就是男女之间在幽默上的区别。

就像当女人用男人的幽默方式来取笑其他男人时需要格外小心一样，男人对女人表示幽默时也需要认识到他们的幽默或

许会让女人无法接受。用贬低他人来表示幽默在金星上是无法让人接受的。为了以一种积极的态度表现自我，女人应该避免用男人的幽默方式来应对男人，除非她们的幽默能起到积极的效果。同样，男人如果想被女人尊重，也应该避免在女人堆里使用男人的幽默方式，除非她们很明显地能接受男人的幽默方式。

女人的幽默方式是自我贬损

女人的幽默方式是自我贬损。在金星上,贬低他人是不礼貌的,也不容易让人接受,但可以贬低自己,表示谦逊。以一种玩笑的方式来贬低自己,女人之间的友好关系就能增强,其他女人会因为对方的谦逊而认为自己更强。

虽然女人觉得这种幽默方式有趣,但是男人并不这样认为,他们无法理解自我贬损的方式。当女人讲出这种笑话时,男人不会觉得好笑,而是会按字面意思去理解。他们对女人的看法瞬间就会发生变化,会觉得女人看起来不如之前有能力。这就像当男人讲出贬低他人的笑话,女人马上会改变看法,认为男人缺乏爱心、冷酷无情一样。

在金星上,女人这种自我谦逊的幽默方式是她们缓解压力、释放情感的一种方式,对她们有着积极的作用。当讲这类笑话时,女人通常会讲述一个有关自己的故事,或详细地描述一个自己没有解决的问题。这样,所有的女人都会开怀大笑,并分享自己与之类似的经历。

留意到这一点之后,当女人在讲类似贬低自己的笑话时,男人就不能再按照字面意思去理解了。女人也应该认识到,除非男人了解女人的幽默方式,不然,原本的幽默就成了自己无能的表现。

表 11-3 展示的就是关于男女幽默方式的不同的例子。了解了这些差异,我们在表现自我时,就能更加准确地使用合理的方式。

表 11-3　男女幽默的不同方式

男人的幽默	女人的幽默
你真的很蠢。	我真的很蠢。
哦,成熟点。	真不敢相信,这是我干的。
你不会做。	我没办法做。
你糊涂了。	我很尴尬,完全不知道该说些什么。
活该。	我完全忘记了我应该说什么。
你太糟糕了。	我完全搞砸了。
你出局了。	我看起来就像个傻瓜。
你不知道你在说什么。	没人知道我在说什么。
我不相信你。	我不断地说着废话,完全忘记了该问的事。
哦,万能先生说话啦。	我真的很害怕,我的裤子都快被汗水全打湿了。
谁让你当领导的?	我不知所措,迟到了两个小时。
我恨你。	他们恨我。我感到非常失望。

Chapter 11　学会自我展示，得到你想要的工作

男人喜欢新闻，女人喜欢"八卦"

男人通常会利用外界信息来使自己出类拔萃，女人则通过了解内心世界来使自己与众不同。

当男人在一起聊天时，他们会谈论运动、天气、生意和新闻。消息灵通的男人或女人都会得到男人更多的尊重和认可。但是，如果只谈论新闻，男人就会失去和女性同事建立友好关系的机会。如果不分享一些个人生活信息或不多问女人一些个人问题，女人就会觉得你不关心她们。就像男人不想错过最近的一场棒球赛一样，女人也不想错过谈论有关个人生活情况的机会。

当男人和女人分享自己的个人生活信息时，男人就会得到更多的分数。

女人对"八卦"很敏感。她们会非常关注身边朋友的个人生活。分享和保守个人秘密能增进女人之间的友好关系。和女人一起探讨个人生活问题，能增进男女之间的友好工作关系。

当男人听到女人在讨论个人问题时，他们就会认为女人是在浪费时间、散布消极消息。谈论个人生活细节或谈论公司小道消息，对他们的成功是一种威胁。对男人来说，女人的"八卦"不仅会使她们显得无能，还会使她们成为自己的威胁。

在金星上，"八卦"是有益无害的，能帮女人缓解压力，发泄消极情感；但在火星上，女人的"八卦"听起来就像在向男人的竞争者或敌人释放更多信息，以便他们用此来攻击他。在火星上，同事或经理的弱点和性格缺陷是要严格保密的。在这种竞争激烈的环境下，竞争者会用这些信息来攻击他们。

多数男人不屑于知道你的个人问题，但也不想你知道他们的个人问题。比如，如果你从事的是服务性行业，你的工作就是为他人服务。你要是将你的个人生活带到工作中来，就不再是完全为他人服务，因为别人还要考虑你的需求。他们不想这样做。他们为你的服务支付了费用，希望得到自己应得的服务，而不是为你服务。

定期回顾上面的内容，男人和女人就能更好地展示和宣扬自我。若能更好地理解男女之间的差异，男人和女人就能更有能力和勇气表现自我，为自己赢得分数。知道了他人将会如何对你做出回应，你就会用最好的表现方式来实现个人目标，就会更快地出类拔萃。

Chapter 12

在职场中从异性手中获得分数

当男人在职场中积极地展示和宣扬自己的能力、才华时，他们就会获得更高的分数。当他们取得成功时，他们就会获得更多的分数；失败时，就会损失部分分数。当男人成交了一笔生意、做出一个成功的计划、实现目标、挣到奖金、完成了一个项目或赢了一个挑战时，他们就会根据目标的大小、挣钱的多少或者挑战的难易来获得相应的分数。如果成绩小，他们获得的分数也会相应较少。如果遇到了小小的失败，他们也会损失小小的分数。男人会根据他人的能力和成绩对自己和他人做出判断。

在金星上，女人用不同的方式来获得分数。当女人证明了她们的关心和奉献时，她们就会获得更高的分数。成功是通过女人给予的数量来衡量的。在金星上，结果并不重要，重要的是想法、关心或行动背后的意图。在金星上，能力和成就并不是女人追求的首要目标。

> 在金星上，工作关系的质量决定着她们受尊重和赞赏的程度。

男人如果要成功地和女人打交道，就必须正确地理解女人争取分数的方式。不论大小，对每一次关心，女人都只给一个

Chapter 12 在职场中从异性手中获得分数

分数。这就是说，男人做很多小事情比做一件大事情获得的分数要多。只要男人关心女人，不论成绩大小，男人就都会得到分数。但关心一次，只有一个分数。如果忽视了工作关系的质量，男人就会轻易失去得到多个分数的机会。

这种情况很常见。一名男性经理让公司的效率得到了提高，也引起了他手下所有女性员工的不满，她们要么离职，要么拒绝和他合作。尽管让公司的效率得以提高是个重要的成绩，但他没有从女人手中获得任何分数，所以公司内部气氛紧张，大家的工作效率受到影响，工作满足感也不强烈。当男人和女人一起工作时，如果想在公司内部建立良好的工作氛围，是需要女人手中的分数的。

在销售领域，当和女人打交道时，工作关系的质量就起着明显的作用。请看下面的例子。

拉里是一家医疗产品公司的销售代表。他负责的产品质量和效用都很好，但其他公司的销售代表也有类似的产品。尽管拉里很想在竞争中取胜，但当他遇到客户杰姬时，他没有急于向她推销产品，而是将注意力放在和她建立良好的工作关系上。他认真地倾听她说的每句话，并表现出积极和关心的态度。他向她提问并努力地了解她。每次，当他对着她点头或与她有同感时，他都在积累分数。

实际上，杰姬对那些新产品并没有多大兴趣，但她非常感激拉里对她的需求表现出来的兴趣。在他们的交谈中，杰姬问了拉里一个问题，他当时并没有回答。第二天，拉里就给出了

·273·

答案。等他们下次再见面时，拉里也没有急于推销自己的产品，而是和她聊天。拉里问起她的孩子，并问她假期过得怎么样。他还注意到她的发型发生了变化。他说："我注意到你改变发型啦，这看起来不错。"每一个细节都让拉里从杰姬手里拿到了分数。

就这样，在几次交往后，杰姬开始采购拉里负责的产品，且采购的数量越来越大。和其他销售代表比起来，杰姬更愿意和拉里做生意，因为他们之间已经建立起了关心和信任。当拉里来到她的公司时，即使杰姬再忙，她也会抽空来见他。

如果男人不理解和女人交谈的重要性，他们就会将注意力放在帮女人解决问题或向女人提供最好的产品上。男人的这种支持对女人也很重要，但只能得到 1 分。但通过为女人多做小事来证明你的关心和理解，你就会从女人那里得到更多的分数。

Chapter 12　在职场中从异性手中获得分数

获得女人手中分数的101件秘密武器

其实，男人可以通过各种不同的方式来从女人那里拿到分数。大部分男人都知道如何去做，但就是不愿去做，因为这样在火星上得不到更多的分数。如果男人意识到这些他们不愿意做的事情在金星上是多么重要时，他们就会有更大的动力去做这些事情。这些事情做起来真的很简单。哪个男人会不愿意去做那些简单而又有效的事情呢？

认识到这一点，就像你在后花园中发现了一个珍宝盒。这会让你充满惊喜，不用做太多，你就能大有所获。

> 在职场中，多做小事，男人就会有更大的收获。

举个简单的例子。汽车需要加油才能行驶，你会为你的油箱加油；但汽油用完之后，你又需要重新加油。同样的道理，女人的情感需求和油箱是类似的，是不停地被消耗的，也需要不断"加油"。当她们为他人做了很多小事时，她们的油就不断消耗。当男人为女人做了许多小事情，让女人感到关心、理解、尊重、确认、包容和安慰时，女人的情感油箱就会被重新注满。聪明的男人不是去拒绝女人的不同点，而是学会做女人要求做的事情，并体会给予女人帮助带来的欢乐。

下面这 101 件小事能让男人为女人的情感油箱注满油。这些小事不是男人必须遵循的规则或每天都应该做的事情。它们只是一个备忘录，促使男人记得何时何地去做这些事情。这些小事适用于每一个男人。

1. 到达办公室时，首先喊女人的名字跟女人打招呼，而不是先问女人工作上的问题。

2. 打听一些女人的家庭和个人生活情况，例如："周末旅行怎么样？"

3. 当女人看起来很漂亮时，用一种和性无关的方式对女人进行赞美。

4. 注意观察女人办公室环境的变化，并做出积极的评价。

5. 和女人说话时，用她们的名字称呼她们，并记得她们的配偶或男朋友以及孩子的名字。

6. 记住，女人对她们的工作环境更为敏感，为她们做一些事情使她们的办公环境看起来更舒适。为她们的办公室带些鲜花。

7. 任何时候，当女人在搬重东西时，积极主动地帮助她们。

8. 当女人看起来有压力或压力过大时，你要说些同情的话："你工作太辛苦啦。"或："今天你可真忙。抽空放松一下。"

9. 当女人理发后，说一些赞赏的话："你的新发型看起来真

Chapter 12　在职场中从异性手中获得分数

不错。"

10. 对女人的工作多加赞赏。

11. 多问一些关于女人工作上的具体问题。

12. 给女人发一些有关她们正在做的事或她们感兴趣的邮件或剪报。

13. 当女人看起来疲惫时,递给女人一杯水并善意地提醒她们应该注意休息。

14. 使用开放式的提问,避免说:"你完成那份报告了吗?"而应该说:"你的报告完成得怎样了?"

15. 在女人说话时,请认真倾听,并在做出回应前,多问她们问题。

16. 当女人贬低自己或缩放自己的成就时,请立即为她们指出她们取得的成就,并给予她们应得的分数。

17. 不要急于向女人提供解决方案,而要问她们准备怎么做。不要假设她们就是需要你的建议和方案。

18. 偶尔举行一些私人的会议,以便给予和获得反馈的信息。不管你是经理、同事还是员工,请记得这样问:"我怎样才能对你有更大的帮助呢?"然后,请仔细倾听,不要急于解释。给女人时间让她们说出自己的需求。

19. 当女人说话时,请注意不要经常盯着你的手表看。如果你必须看,请格外小心。如果需要结束谈话,你应该直接明确些,而不要含糊其词。你应该这样说:"抱歉,我有一个约会,快迟到了,我们下次接着谈吧。"

20. 做一些女人没有期望的、对她们有支持的事情，给她们惊喜。比如，为女人的打印机多放些打印纸，即使这不是你的工作，即使她们并没有向你提出要求。

21. 旅行结束后，带些小礼物给她们，或寄一张明信片到她们的办公室。这会让她们感到自己也是你生活中的一部分。

22. 向她们展示一些有关你幸福时刻的相片。这些相片可以是你度假时或是你的孩子取得成就时所拍的。

23. 对她们孩子的才能和学校活动表示出你的兴趣。观看有她们孩子参加的演出或体育活动。

24. 邀请她们参加你的活动或有关你的孩子的活动。

25. 邀请她们到你家和你的妻子一起共进晚餐。

26. 邀请她们参与小组讨论，并询问她们的想法或建议。

27. 如果你要晚些才能赴约，请提前打电话通知她们。

28. 如果她们正准备去其他城市，请向她们推荐一些有趣的地方或好的餐厅。她们即使没有向你提出帮助的请求，也会感谢你的努力。

29. 用一些更美好的词语来赞赏她们个人或她们的工作，不要仅仅说："做得不错。"而应该这样说："你做得真不错。"

30. 对她们的请求做出回应时，不要说："没问题。"而应该说："真是我的荣幸。"

31. 当你计划离开公司一段时间时，请提前告诉她们。当男人要做出变化时，他们会让女人提前做好准备，这会让她们感到自己在被他们关心着。

Chapter 12　在职场中从异性手中获得分数

32. 当你在做一件事情时，让她们知道你会处理以后的事情，并确保你会做到这一点。

33. 当计划需要变化时，让她们参与决策的制定。这样，她们就会感到自己被包容了。

34. 当男人进入"洞穴"时，请注意，女人可能会感到被排斥或拒绝。所以，请以更为友善的态度对她们说"你好"或"再见"之类的话语。

35. 偶尔为女人做一些她们职责之内的事情。这样，当她们感到疲惫时，她们就不会感到孤单。

36. 当她们提出几分钟之内就能解决的问题时，立即就开始行动，即使她们的请求不急迫或不是最重要的。这样，你会让她们感到自己的重要性。

37. 如果女人在该吃午餐时还在工作，记得给她们带份沙拉或三明治。

38. 邀请她们和你与你的同伴共进午餐。

39. 在非正式场合，对她们的相貌做出赞赏，但在正式场合，不要去提她们的魅力或长相，而要根据她们的工作成就对她们进行介绍。

40. 请确定：你的幽默和性挑逗无关，并且也没有贬低她们或别人。

41. 当女人犯错误时，对她们进行安慰。如果女人说"我想现在我是完不成了"，你应该说"你可以完成的"。

42. 当女人烦恼时，确认她们的情感，也就是和她们有同

·279·

感。女人说:"这真糟糕。"你应该说:"是呀,今天时间过得太慢了,你太忙了。"而不应该说:"这就是为什么我们称之为疯狂的工作。"

43. 当女人疲惫、忙碌或不安时,告诉她们你下次再来见她们。"看来现在不是个很好的时间,我会打电话给你的,我们下次再约时间见吧。"

44. 尽量地多给她们些时间。这样,当一些意料之外的事情发生时,她们就会有足够的时间去处理问题,也会感到压力小些。

45. 当女人寻求帮助时,请记住,她们寻求帮助的方式是不一样的。她们可能会说很长的时间。如果可能的话,听她们说而不要去试探她们到底是否需要帮助。

46. 当女人抱怨时,不要插嘴。在做出回应或解释之前,请以积极的语气和态度回顾一下女人所说的内容:"所以,你是说……"这样做,女人就会认为你信任她们,也会感到你在认真地听她们说话。

47. 当你计划离开时,请告诉她们。女人在男人突然消失后,会感到有些不舒服。

48. 当你倒水或咖啡时,记得为她们也倒一杯。

49. 和女人说话时,面对她们,不要同时做其他小动作。听她们说话时,不要左顾右盼。

50. 当女人说话或你和女人握手时,请正视她们。别盯着她们的眼睛,要将目光聚焦在她们的脸部。

Chapter 12　在职场中从异性手中获得分数

51. 询问女人她们必须要做什么。当女人告诉别人她们必须做什么时,她们会感到轻松。这能帮助她们理清头绪和缓解压力。不要急于告诉女人她们应该做什么。如果男人能轻易地做某事,并且这件事对女人有所帮助,男人可以说出自己的方案。但要在女人说完话后,男人才能这么说。

52. 男人在出去送东西或取东西时,可以问女人是否需要帮她们带些东西。

53. 关注女人的健康状况。当女人生病时,要问她们的感受。如果知道她们生病了,打电话给她们,询问她们的情况,还可以向她们提一些健康小建议。

54. 别用你的个人问题来为她们添加负担。即使女人喜欢分享这些问题,你也不要这样去做。一旦你和女人分享了你的问题,她们就会开始担心你。

55. 在女人面前,不要贬低她们的朋友,也不要说出她们不想让她们的朋友知道的秘密。

56. 别向女人提过多的要求,尽管她们可能看起来会同意。如果要求过多,她们通常会感到怨恨。

57. 女人对衣着更为敏感。虽然她们不会太在意男人的穿着,但在开会时,如果你衣着得体,她们就会感到是因为她们的重要性才让你注意到自己的着装。

58. 在他人在场时,认可她们的成就。

59. 如果女人对你表示认可,你也应该以某种方式对她们表示认可。

60. 以同样的方式坚持某种行为。比如，经常向她们推荐电影、经常为她们开门、经常通过邮件发些有趣的文章给她们……你要建立这种表示关心的个人商标。

61. 当女人需要更多的时间来讨论事情时，请灵活些。记住：她们如果感到个人需求得到了满足，感到自己被关心和理解，就会积极地支持你。

62. 如果距离开会的地方路程很远，或者会议时间很长，请注意留出休息的时间，但不要直接提示她们需要上洗手间。

63. 制订计划时要灵活。这样，当家里出现紧急情况时，她们就有时间去应付。尽量使家庭时间和工作时间保持平衡。

64. 提要求时，请尽量使用礼貌用语："请问，……可以吗？"还不要忘记说"谢谢"。

65. 当她们出差时，记得让酒店向她们留出欢迎的信息，在她们的房间里放些水果或鲜花。

66. 记得她们的生日，向她们赠送贺卡，带她们吃午餐或者送她们一个小小的礼物。

67. 在出差或旅行途中，请主动驾驶汽车。如果她们要体验驾车的乐趣，请不要拒绝。

68. 当你在开车时，请注意让女人感到舒服。其他男人可能会告诉你让你开慢些，但她们不会这么直接。如果你是一个细心的司机，她们就会认为你在其他事情上也很细心。

69. 当你生气时，请不要说话，深呼吸，喝杯水。这样，她们会注意到你控制住了你的愤怒，也会感谢你。

70. 注意观察她们的情绪变化,并这样对她们说:"你今天看起来很高兴。"或:"你看起来有些累。"然后,接着问她们:"有什么好消息吗?"或:"发生什么事了吗?"

71. 你不明白她们的意思时,停下来问她们。

72. 如果你说你要做什么,就请确定你会去做。会议结束后,给她们一个清单,并写上你已经同意做的事情。

73. 当你想要给她们留便条时,请表达清楚,不要让她们去猜测。她们会感谢你留下清晰明朗的便条。

74. 从你的座位上站起来和她们打招呼,并和她们握手。

75. 当女人加入你们的交谈时,请记得介绍她们。

76. 介绍她们时,请用她们的名字和职务。如果需要,请介绍她们对公司或项目做出的贡献或积极的参与。

77. 当女人"八卦"时,显示你的兴趣并和她们进行互动。

78. 在和女人进行有关的工作交谈或拉家常时,用"嗯""哦"等声音来表示你的兴趣。

79. 在集体会议中,花时间来强调或认可她们的贡献。

80. 给她们应得的分数。如果她们过于谦逊,你要立即让他人知道她们获得的成就。

81. 如果她们的桌子上放着家人的相片,请问一些相关的问题。

82. 当女人打喷嚏时,说"多保重"。

83. 如果她们打喷嚏时弄湿了其他东西,你要主动拿起毛巾去为她们擦干净。

84. 当女人感冒时，递给她们纸巾或热茶。

85. 当你们的争论升级时，你要暂停，并说"给我一些时间再考虑考虑，然后我们再谈"。

86. 对她们的笑话做出积极的回应，至少要出声地笑，而不能无动于衷或心不在焉。

87. 转换话题时，请确定她们的话已经说完。你可以说："如果你说完了的话，我们可以……"

88. 当女人走进你的办公室时，积极地欢迎她们，这样她们就不会感到被忽视。当她们对某事感到不悦时，你可以问她们："出问题了吗？"或："你为某事感到不悦吗？"如果想向她们表示你很关心她们，想知道让她们烦恼的事情时，可以说："这个会很让人烦恼是吗？"这样，你就会赢得她们手里的分数。

89. 当女人打电话给你而你又没空接时，告诉她们你过会儿会回电话给她们。

90. 尽快地回复女人的信息或电话。

91. 当女人看起来有压力或有烦恼时，问她们一些相关的问题。你可以说："你还好吗？事情进展顺利吗？"这样就相当于邀请她们和你谈谈关于她们的事情。

92. 当你感到愤怒或沮丧时，不要提一些有针对性的问题。花些时间来让自己冷静一下，并要她们来帮助你理解这种情况。向她们寻求帮助，她们就不会感到被攻击。

93. 当对某个你们一起做的任务进行分工时，给她们机会来表示自己的意愿。你可以说："让我们一起来想办法吧，我想做

Chapter 12 在职场中从异性手中获得分数

这个,你是怎么想的呢?"或者:"我想这应该是个好方案,你认为呢?"

94. 当女人不在场时,告诉女人你们都很想念她们,这样女人就能感受到你们感激她们所做的贡献。如:"我们都很想你,你不在,我们对……不知怎么弄才好。"

95. 庆祝项目的完成。男人和女人都喜欢参与那些特殊的表彰活动,记得准备一些奖品、证书或小礼物。

96. 开会时,拍一张集体相片,相片里要有她们,并给她们一张。

97. 推测女人的需求。当女人没有主动提出时,你积极主动地去帮助她们。

98. 经常表示出你对女人支持的态度,不要以为表示一次就足够了。

99. 当你犯错误时,你应该道歉。

100. 当你做完某事时,要进行确认。

101. 如果你有妻子和孩子,请将他们的相片放在你的办公桌上,或挂在墙上,或放在你的钱包里。这样,你就能和她们一起分享这些相片。当男人感激他的妻子时,其他女人也会感到被支持。

这些小招数是男人应该注意的备忘录。记得这些小事,聪明的男人就会在职场中创造一种积极和谐、相互支持的氛围,也能更有效地去实施他的宏伟目标。

获得男人手中分数的101件秘密武器

男人也会感谢女人的支持,但很难意识到女人对他的支持。比如,当女人直接问男人的想法时,男人当然会对此表示感谢;如果女人没有这样做,男人或许难以觉察女人的真实意图,只会说他们想说的话或做他们想做的事。女人含蓄地向男人表示了她们的支持,但男人却意识不到或认为这对他们根本不重要。在火星上,小事虽好,但没有大事那么重要。

当男人感到有压力时,他们就不会注意到那些小事;当男人放松时,才会注意到。女人如果将注意力放在一些小事上,或许就不会从男人手中拿到分数;女人如果把注意力放在一些大事上,如挣钱、节约时间、解决问题或提出有效的见解,就会从男人手中获得很高的分数。

> 如果做一些大事,如挣钱,女人就能从男人手中获得更高的分数。

在火星上,男人通常会根据女人创造的成果以及这些成果

Chapter 12 在职场中从异性手中获得分数

对目标的影响来对女人做出判断。关注效率,注重成果,女人就能在火星上获得更多的分数。

尽管通过这些大事能获得更多的分数,但在火星上,女人的小事也会起到作用。当两个能力相当的人去竞争同一个职位时,额外的小分数就会起作用。大多数体育运动都是由小分数决定胜负的。在篮球比赛中,有时胜方只赢对方 1 分。

在感到有压力时,女人会记得男人忘记的小事,这就是优势。当女人懂得如何从男人手中获取分数时,她们平常积累的小分数就会使她们更有优势。当所有的情势都相当时,这些额外的小分数就会起到很大的作用。

从男人手中获取分数不仅仅是积累分数那么简单,男人在给出分数的同时还会扣除分数。如果不能正确地认识获取分数的方式,不懂得男人给出分数的规则,女人就会感到迷茫,感到不公平。

正确地理解扣除分数的方式和获得分数的方式一样重要。比如,当女人在做一件很了不起的事情时,如果不停地抱怨事情有多么困难,在她们得到分数的同时,她们也会被扣掉分数。男人可能会因为女人的效率而给她们很多分数,但如果男人对女人的话语感到愤怒,就又会将分数扣除。

> 了解如何扣除分数和了解如何获得分数一样重要。

记住,当男人感到有压力时,他们或许不会注意到你提出帮助的意图。相反，他们会认为你是在浪费他们的时间。所以，注意"不该做的事情"在火星上也十分重要。

记住，对有些人起作用的方式不一定适合所有人。理解了下面这些例子，你就会更好地了解：让女人感激的帮助对男人来说却不是那么回事，或许那些帮助不是他们想要的。

1. 在提建议时，请尽量直接地切入重点，不要对问题讨论过多，记住：男人会将分享看成抱怨。

2. 只有当你有了解决方案时，你才能去抱怨。少花些时间来谈论问题，迅速地提出你的解决方案。你抱怨的时间越长，你失去的分数就越多。你越早提出解决方案，获得的分数就会越多。

3. 当有争论时，要接受男人的不同点，不要因为争论而对他们进行攻击。愤怒和冒犯只会让你失去分数。你越愤怒，你的分数就会失去得越多。

4. 当男人忘记做某事时，要说一些宽慰的话，如"没事儿"。接受的态度会获得分数。

5. 在向男人寻求建议时，不要纠正他们的建议，也不要详细地解释你不接受他们建议的原因。男人保全了面子，你就得到了分数。如果男人的建议不妥，你又没有直接指出，你就会获得更多的分数。

6. 只有当男人明确提出要求时，才给出你的建议。冒昧的建议会让你失去分数。即使是好的建议，你也会失去分数。

7. 当男人取得成就时，给出你的分数和认可。当别人忽视

Chapter 12　在职场中从异性手中获得分数

他们的成就或当他们需要别人的注意时，他们就会给你更多的分数。如果感到有压力，他们或许就不会注意到你的支持。

8. 当你获得分数时，要将注意力集中到你取得的成就上，而不是放在你遇到的困难上。如果过多地谈论你的付出或你遇到的困难，你失去的分数就可能比你得到的分数更多。

9. 在你提出请求时，请直接明了。不要去谈论问题并等着男人主动提出给你帮助。男人不喜欢含蓄间接的方式，这会让他们感到这就是应该为你做的。他们越感到有义务去做某件事情，就会扣除你越多的分数。

10. 在陈述建议或实施方案时，不要过多地谈论问题，而应该将你的注意力放在你认为应该如何去做上。你花多长时间去谈论问题，你就会失去多少分数。

11. 在男人周围，请尽量不要太"八卦"。在工作时间内谈论个人问题不会受到他们的欢迎。当男人看到女人在工作时间里谈论个人问题时，他们会扣除分数。

12. 当男人谈论体育运动时，尽量表示出你的兴趣。听他们谈论时，不要表现得你比他们更懂得运动。

13. 在合适的时机对男人进行赞赏，但当他们在"洞穴"中时，你用赞赏的话来打扰他们，他们就会扣除你的分数。

14. 当男人买了新车或谈论汽车时，显示出你的兴趣，不要忽视他们的兴趣爱好。

15. 如果能让你感觉更好，穿得性感暴露是可以的。但别试图用你的性感来从男人那里获取分数。如果男人认为你是在挑逗他们，你就会失去分数。

16. 不要浓妆艳抹。大部分男人都不喜欢这样。

17. 当男人闷闷不乐或发牢骚时，尽量给他们更多空间，而不要在他们背后轻拍以表示同情。不要做任何事情来让他们感到你母亲般的同情。同情，会让男人扣除你的分数。他们如果当时感到十分不满，还会扣除你更多的分数。

18. 对他们的成功表示乐观，除非他们主动向你提出，否则不要表示你的担忧。以轻松的方式祝他们好运，你就会获得分数。

19. 用感激的语气认可他们为你做的事情。不要小题大做，也不要忽视他们为你所做的事。

20. 当男人主动提出帮助时，让他们去帮你，并感谢他们的帮助。在任何时候，男人成功地帮助女人并得到感谢时，都会乐于给予更多的帮助。

21. 不要在意他们的错误。当他们犯了错误而你没有小题大做时，他们就会感到获得了额外的支持。你越不在意他们的错误，就会获得越高的分数。

22. 在公共场合赞赏他们。你如果需要指出错误和提出建议，可以在私下里和他们交流。如果你在公共场合这么做，他们就会很尴尬，就会让你失去更多的分数。

23. 你起身为自己倒水时，也为他们倒杯水。

24. 当男人正忙时，不要提出你的个人要求。这样只会让你失去分数。

Chapter 12　在职场中从异性手中获得分数

25. 当男人进入"洞穴"时,你要接受和理解,不要打扰他们。

26. 在集体会议中,如果要插话,请以合适的方式,不要说:"我能说……吗?"而应该以友善的方式这样说:"这是对的,我想……"

27. 在讨论工作时,请用一种轻松和信任的语气说话。

28. 将注意力集中在手头的任务上,推迟分享个人情感的时间。将你的工作生活和个人生活分开。

29. 当你提问时,请不要用反问句,也不要带着消极情绪去提问题。带有消极情绪的反问句会让你失去 10~20 分。

30. 当寻求支持时,不要情绪化,而要直接明确地表明你的需求。

31. 以合理友善的方式说"不",对男人来说,简单的"我不能做"就足够了。如果需要了解更多,他们就会主动问你。若要通过分享你的困难和问题来解释你说"不"的原因,你就会失去更多的分数。

32. 对你不感兴趣的火星人玩笑一笑置之,能让你多得 1 分。

33. 当你向你的经理或同事抱怨时,请客观些,不要情绪化,不要个人化。你不应该说"这不公平"或"他就没做他应该做的工作",而应该说:"他迟到了 3 个小时,我一个人做了需要两个人才能做的工作。"你越冷静,越客观,你得到的分数就越多。

34. 当你被期望过多,你就应该去寻求你需要的帮助,不要抱怨。当别人抱怨工作过多时,男人会扣除他的分数。他们的理由是:"不要将时间浪费在抱怨上,你应该积极地寻求你所需要的支持。"

35. 当男人给你名片时,请仔细阅读。

36. 当男人将相片或奖励挂在墙上时,你应该去询问相关的事情,并以一种惊喜的语气表示你的兴趣。

37. 在谈论问题时,时不时地做些支持性的评论,如"听起来不错"或"好主意"。

38. 当男人在做陈述或讨论某事时,不要过于表现出你的关心和担忧,让男人感到他们正在获得你的同意和支持。

39. 当你对男人失望时,请宽恕他们。给男人机会来证明自己。

40. 在听男人说话时,在你提出更多的问题之前,让男人知道他们说的话对你有所帮助。在谈话中,如果男人提出一个建议,你又立即反对他们的建议,他们就会扣除你的分数。

41. 当男人没有采纳你的建议并犯了错误时,如果你说"我原来就告诉过你",你就会失去分数。如果你没有这么说,男人犯的错误越大,你得到的分数就越多。

42. 当男人让你失望时,你要以一种友好和接受的方式对他们说"没问题"或"没什么大不了的,你可以明天再做"。

43. 当你在谈论男人或其他人时,请以一种积极的方式去谈论。

44. 在提出你的要求时,不要引用专家的话。比如,不要这

Chapter 12　在职场中从异性手中获得分数

样说:"约翰·格雷说你应该多听听我说话……"你应该这样说:"如果在做出回应之前,你能耐心地再听会儿我说的话,我将会感谢你。"

45. 除非男人直接提出了要求,不然不要将专家搬出来告诉男人他们应该怎么做。

46. 不要问男人有关你工作状态的问题,如不要这样问:"你认为我的工作做得怎样?"而应该这样问:"你喜欢这份报告吗?"

47. 让男人从开始就知道你们的会议需要多长时间。

48. 作为经理,尽量少地直接告诉他人应该如何做。他们越独立,就会越感谢你。

49. 作为经理,不要让你的指导带有个人色彩。如,不要说"我们期望……"或"有人告诉我,我们需要……",而应该这样说"你能否……"或"请……"

50. 和男人说话时,不要让你的语气听起来是在责备。如,不要说"你没有在听我说话",要这样说:"让我换一种方式来说吧。"

51. 见面时,用男人的名字来和男人打招呼,然后再接着以友好的方式问他们有关工作上的问题。

52. 对男人取得的成就表示认可。比如,"我看到你写的报告了,真的很不错。"

53. 在其他人面前,对他们最近的成功或成就表示认可。

54. 当男人走进你的办公室时,请站起来和他们握手。

55. 在非工作时间，当你有空时，问他们一些关于他们个人生活的问题。

56. 不要在意男人的缺点，并对他们的缺点持接受态度。如，不要指出他们的脆弱或承受的压力。别以一种同情的语气和男人说话，如"你看起来很累"或"发生什么事了吗"。

57. 当男人的压力增加时，当作什么事情都没发生一样。向男人表示你的担忧只会让男人感到被冒犯。你应该这样说："我相信你能解决这个问题的。"

58. 当男人向你做出性挑逗时，要以友善和直接的方式向他们传递明确的信息。

59. 了解男人最喜欢的球队。如果球队表现不错，对他们表示祝贺。即使没有参与比赛，他们也会备感安慰。球队取得的胜利越多，你获得的分数就会越多。

60. 当男人有了新车时，和别人一起坐他们的车去兜风。至少你要去看看并听他们谈论它。向他们表示你对他们的车也非常感兴趣。像女人喜欢分享秘密一样，男人也喜欢炫耀。

61. 如果你要表示你的支持，不要以一种隐形的方式去做，而要以一种友善的语气说："你愿意让我做……吗？"

62. 当你获得成就时，不要将你的成就归功于你的好运或他人的帮助，并积极为你的成就争取分数。

63. 当事情变得困难时，不要抱怨，不要气馁。

64. 当男人出差时，让酒店向男人展示欢迎的信息，并向男人提供他们喜欢的运动的比赛时间、商业杂志、报纸、健身房

Chapter 12　在职场中从异性手中获得分数

地址或电视节目单。

65. 记住男人的生日,送他们贺卡,请他们吃午餐或举行一个办公室派对。

66. 在出差或旅行途中,主动提出为他们开车,但别指望他们会让你开,因为他们是男人。如果男人一直开车,在结束时要对其表示感谢。

67. 当男人看起来迷茫时,不要建议男人去寻求别人的帮助。不然,他们会认为你不信任他们的能力。

68. 当男人不知所措时,不要抱怨,也不要告诉别人。

69. 当你生气时,不要多说话,而要深呼吸,或是喝一杯水。控制自己的情绪,男人就会尊重你。当没有感到被责备时,他们就会更多地听你说话。

70. 不要问男人他们对某事的感觉如何,而要问他们对某事的想法如何。感谢他们的分享,你就会获得分数。

71. 任何时候,当有可能时,让男人知道他是对的。当你指出他们的正确性,你就会获得分数。

72. 传递信息时,要干脆利落,不要拖泥带水。如,不要这样说:"嗯,我还要告诉你的其他事情是什么呢?"或者:"哦,还有一件事。"

73. 如果你要给男人留便条,请将意思表述明确。

74. 开会时,当别人都被介绍过了,请介绍你自己。

75. 当介绍男人时,记得介绍他们的成就、专长或在公司里的角色。

76. 练习说你能做什么。这样，1分钟之内，你就能清楚地向他人说出你的专长和才能。介绍你自己时让他人知道你的专长，你就会立即获得1分。

77. 在休息时，如果谈论"八卦"，请确定他们一定会感兴趣。如果他们不感兴趣，你就礼貌地在一边休息。

78. "八卦"时，如果你是主讲人，请说"和你聊天真的很好"，你就会获得1分。

79. 在集体会议中，在提出你自己的观点前，强调或认可他们的贡献。

80. 在集体会议中，当你不同意别人的观点，或被他人挑战时，不要急于争论，不要将个人情绪带入会场。

81. 当看到男人的办公桌上放着家人的相片时，问一些关于他们家人的事情，并简单地介绍你的家人情况。

82. 在出差时，如果男人提到了家人，要问男人是否有他们的相片，并表示出你的兴趣。当男人为他们的家庭感到自豪时，你就会获得额外的分数。

83. 当男人打喷嚏时，请说"多保重"。你如果继续询问男人感冒的原因或为男人提供建议，就会失去分数。

84. 如果男人打喷嚏弄湿了某个东西，你要主动去拿纸巾来清理被弄湿的地方。除非这是你的工作，否则不要去做全部的事情。让男人也来动手清理。如果你说"我来处理吧"，男人就会忽视你的帮助，而认为这就是你应该做的。为了起到更好的效果，你应该这样说："让我来帮你吧。"

Chapter 12　在职场中从异性手中获得分数

85. 如果男人感冒了，你要为他们递上纸巾，而不要建议他们应该如何避免感冒。比如，不要这样说："如果你工作不这么卖力，你就不会生病。"

86. 当争论升级时，你要暂停，可以这样说："给我一些时间考虑一下吧，然后我们再接着谈。"

87. 在讲故事而又涉及很多人物时，请不断地重复他们的名字，有时男人会忘记到底谁是谁。

88. 当男人向你提出建议或解决方案，但这些又是你已经准备做的事情时，请以合理的方式告诉他们你已经有了相同的见解，并感谢他们，还要记得保全他们的面子。

89. 当男人发牢骚时，你要忽视他们的牢骚，并当作什么事情都没发生一样。男人牢骚发得越多，你就会得到越多的分数。

90. 如果男人只要求一次，他们的问题就得到了解决，你就能获得更多的分数。

91. 如果因为对某事情绪化而失去分数，女人就可以用一种简单的方式重新获得分数："为刚才的事情，我感到非常抱歉。"如果过多地道歉或过多地解释，女人又会失去更多的分数。

92. 记住，大部分男人不喜欢别人告诉他们应该怎么做。不要对男人这样的差异表示怨恨。如果你的工作需要你向他们提供指导，你就可以这样说："现在是考虑一下变化的合适时间吗？"或者："让我们安排一下时间来见面，我有一些变化需要和你商量。"

93. 在对工作进行分工时，请明确你需要做的。你如果知道你要做的事情，并明确表示清楚，就会获得更多的分数。

94. 感谢男人分工的方式，你就会获得 1 分。

95. 当你有一段时间没看到男人时，告诉男人你们想念他们，并感谢他们所做的贡献。如："上周我们很想念你，你不在时，没有人知道……"说话时，不要让你听起来就像是因为男人不在而对他们抱怨。

96. 对一些重要项目的完成进行庆祝。男人和女人都喜欢参与那些特殊的表彰活动，记得准备一些奖品、证书或小礼物。

97. 当男人做某事时，为他们做完的产品拍张相片留念。男人获得的成功越大，他们就会越感谢你的相片。

98. 在电话中，当你对男人的问题没有答案时，不要花时间去考虑，而要简单地这样去说："我没有那方面的信息，等我找到后我会立即和你联系的。"

99. 当男人走出"洞穴"时，对他们表示个人的支持。

100. 当你没有答案或没有解决方案时，不要立即表露出来。你要表现出自信。不要这样说："我不知道。"而应该这样说："我还在努力当中。"

101. 在你办公室的墙上挂出你获得的奖励和证书，或与名人的合影，或有关你特殊成功经历的相片，通过这种方式来赢得分数。

这些招数是女人应该注意的备忘录。记得这些小事情，聪明的女人就会在职场中创造一种积极和谐和相互支持的氛围，就能更有效地去实施她们的宏伟目标。

后记

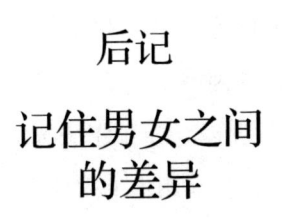

记住男女之间的差异

下次，当你对异性感到沮丧或怨恨时，请花些时间来仔细阅读本书。当你安静地坐下来，阅读其中的几页时，你就会立即有所收获。理解了男女之间的差异，我们就能在职场中获得更多的信任、尊重和支持。积极用行动去改变自己，而不是等待他人为你做出改变。这样，你就会为创建一种积极的、相互帮助的工作氛围而做出贡献。

学习和运用本书为你提供的沟通方法，你就能在工作中更多地得到你想要的。认识到男女之间的差异，能让我们更好地理解和接受他人的行为。另外，利用本书提供的方法，你也能以合理的方式对他人做出回应。认识到"男人来自火星，女人来自金星"的差异，你的为人处事模式就会更合适，更容易让人接受，你就会获得更多的尊重和信任。

还有，如果我们都能理解和尊重彼此的差异，我们共同奋斗的职场就会变得更加和谐，我们取得的成就也会更大。对于大多数人来说，希望职场和家庭一样温馨舒适，这样很不现实。但若能对你的工作和家庭生活进行合理的平衡，你就能享受到工作和生活为你带来的更大欢乐。

努力实现这种平衡并努力运用书中的新方法来争取异性的尊重和信任吧！一切皆有可能。你有充分的理由来保持乐观。

后记　记住男女之间的差异

一遍又一遍地学习和理解火星人和金星人之间的差异，你就会为你的理想之路插上翅膀。

我已经见证了数万名男女的成功案例，他们都使用了本书提到的方法。在参加了短短几天的"火星—金星研讨会"后，他们都找到了促进职场沟通交流的有效方式。在这些方法的支持下，他们都得到了他们想要的。过去艰难的挑战突然变得容易了很多。合理地运用此书提供的方法，并牢牢记住火星人和金星人之间的差异，你也能取得同样的成功。

学习任何新鲜的东西都需要多花时间。对书中提到的方法，学习并运用一次是远远不够的，要想熟练地掌握需要时间。书中的方法看似很简单，实施起来却不一定那么容易。

当我们感到有压力时，我们通常会按照我们的本能和习惯来做出反应。男人会本能地以火星人能接受的方式做出反应，女人也一样，会本能地以金星人能接受的方式做出回应。在职场中，为了获得异性的尊重和信任，我们必须以他们能接受的方式来做出相应的回应。幸运的是，这些技巧是可以学会的，只是需要时间和练习。

学习这些新方法就像学习滑雪一样。当你顺着下坡向下滑时，你应该前倾或至少你不能转弯。这种前倾的方式就是适应的方式，如果不适应这个坡度，你就会摔倒。这种适应的技能需要练习，不断练习后，你就能熟练地掌握这种技能。

为了在职场中获得成功，男人和女人需要在不同的时间戴上不同的帽子。有时，我们需要以一种异性能理解和接受的方式对他们做出回应；有时，我们也可以以我们自己星球上的人能接受的方式来行为处事。这种方式的转换需要一定的灵活性和稳定性。当你不断练习时，这种转换就会变得自然和轻松。

现在，是我们做出积极变化的时候了。在职场中，随着男人和女人越来越紧密地共同面对挑战，我们更需要以一种合理的方式来对他人做出准确的回应。这样，我们的效率才会提高，我们才能在工作中体会到更大的欢乐，而不是埋怨。

请和你的朋友、经理还有同事一起分享本书吧。当女人将本书推荐给男人时，她们需要谨慎行事。如果对男人说，他们真的很需要它，这听起来像是在批评他们，只会起到相反的作用。相反，她们应该这样做：请男人在他们认为对女人了解男人很重要的问题下面画上横线。可以让他们看看书中关于女人如何从男人手中获得分数的部分，并询问他们哪些方面对他们而言是正确的。不要告诉他们，他们是如何需要本书，而应该让他们来帮助你更好地了解男人。男人都喜欢戴上专家的帽子，喜欢当专家的感觉。当看到书中介绍的方法后，他们如果认为有用，就会继续往下读。别担心他们会拒绝。

前面还有很长的路要走，非常感谢你让我有机会来为你的生活做些积极有益的事情。愿你的生活更加丰富多彩，愿你能取得一个又一个的成功，愿本书能为你带来实实在在的好处。感谢你的努力，你所前进的每一步，都是我们向着一个充满和平、平等和正义的世界迈进的一步。